U0585596

Founder's Notes

创始人 季琦 著 手记

一个企业家的思想、工作与生活

CS 湖南人民出版社

浦睿文化　出品

序言

我读书基本不看序言，觉得序言乃是"絮言"，是可有可无之物。如非得要"絮"序，还是我自己来序为好。

十年前，在纽约上课，正好处在金融危机的暴风眼上，感悟很多，觉得需要记录下来。后来就陆陆续续地写下来了，一写就是十年。

十年的内容涉及面很广，没有一定主题，而且写作时候的心情和认识都不一样，当要整理成书的时候，就显得杂乱无章。因此，将内容分成了三大类：天、地、人。"天"是关于形而上的内容，讲宇宙、讲时空、讲人生、讲意义等；"地"是关于企业的，关于创业、经营、生意、组织等；"人"是关于七情六欲的各种感官的事情，比如红酒、爱情、美食等。人生于天地间，而行走于江湖。我的文字大致也是按照天、地、人这三大类来记录的。

很多人对于我十多年创立了三家百亿级的公司很感兴趣，想知道如何成功，如何创造财富，如何领导企业。但是我觉得更重要的还是形而上的思考，你的认识决定了你的行为，形而上决定了你的形而下。而作为一个人，平常生活中的衣食住行也没有什么特别之处，但正是这样的人情味和烟火味，让我们显得可爱和可亲，这本书"天"和"人"的篇幅虽然不多，但不可或缺，否则就可能又是一本商业味很浓的出版物了。

人类的思想非常丰富，语言和文字只能表达其万一，能够较好地表达思想的是音乐、诗歌和艺术，这些工具用较为抽象的表达方式来表达无穷丰富的思想，而即使它们仍然不能精准地表达我们脑海里的思绪。所以，文字这样的粗糙表达，不知道给我们的思想打了多少折扣，但是，聊胜于无，有这些文字，还是比没有好。

有钱的中国企业家很多，但是在生意中和生意外进行思考并将思考片段记录下来的人很少。我的文笔一般，思考可能也并不深刻，但是能够十年坚持探索和记录，我就算是为这个时代保存下了一个有意思的切片。权且汇集成书，算是一个时代、一个人的忠实写照。此书无意流传千古，假如能够对阅读者有所启发和帮助，也就不枉我江湖夜雨十年灯了！

是为序。

季琦

2018 年 6 月 25 日于褐岩山

目 录

地

一、我的十年创业路

二、做好一个企业

三、华住哲学

人

一、生活即是艺术

我绕了一大圈去寻找艺术，寻找艺术家，最终却发现，原来我们每个人都是艺术家，每个人的生活都是艺术品。

生活即是艺术。我们要将自己的一生当成一件最独特、最重要、最昂贵、最优美的作品来创作。

简洁之美

小时候念书，不知是因为老师怕烦呢，还是本来就如此，我发现所有考试题目的结果都比较简洁、美观。如果你辛辛苦苦地推导出一个特别复杂的结果，基本上都是错误的。数学题目做多了，我渐渐有了感觉，知道数学中存在一种"美感"。不仅逻辑上美，形式上也非常美。有一次在上解析几何课时，老师出了一道题，看谁算得快。像所有的解析几何题一样，这道题要演算好久。但我看了看题目，就直接报出了结果。老师和同学都非常惊奇，问我为何。我说，从题目本身，我感觉只有这样的形式才可能是正确结果，试着套进去一看，正好！

我想，这就是我们所说的形式美吧。

从数学到物理，再到我们自然界的规律，都存在着"形式美"。

一个有意思的例子便是"引力"，大家都知道这两个公式：

万有引力：$F = G\dfrac{m_1 m_2}{r^2}$，$G$ 为万有引力恒量，m 是质量，r 是距离。

库仑力：$F = K\dfrac{q_1 q_2}{r^2}$，$K$ 是静电常量，q 是电荷量，r 是距离。

一个是大到天体的引力，另一个是微小粒子的引力，但在形式上却非常接近。再想一想人与人之间的引力，也非常相似：

$$F = L\frac{c_1 c_2}{r^2}。$$

L 是吸引力常量，c（charisma）是魅力量，和容貌、知识、性格、财富、地位等个人特质相关，r 是距离。

后来，爱因斯坦试图统一库仑力和万有引力，他想用引力场的概念来解释，但没有完成。但我坚信这个统一是存在的，一个不复杂的公式也是存在的，只是还有待于像爱因斯坦这样的高人去发现。既然微小粒子之间有作用力，那么由这些微小粒子组成的人、物体、天体也应该有相似的作用力特质。

上帝创造万物，只会遵循极少、极简单的几条规则，否则就不是万能的上帝了。

我们看上帝创造的自然界，那些花儿、动物，身上的斑纹、线条都是很优美的曲线和图形。用数学的术语来说，就是"多次可导"的函数曲线。流畅、光滑、对称，你绝找不到一种动植物有着不和谐、不规则的曲线和图形。

更不用说上帝创造的构造如此精妙的人了。从我们平常生病就看得出来人体是如何精妙。身体的任何一个部位稍微有一点点不妥，人就会感到非常不舒服。但是这么精妙的人，只需要在猴子、猪、羊的基因组合里变动很小的一部分就可以构建了。男人和女人、美女和丑女、生与死之间的差异，需要变动的基因组合更少。

如此多彩的世界，如此精妙的创造，就是靠几个简单的规则改变来达成的。

作为宇宙的一分子，极其微小的一分子，人类的活动和价值观也应遵循这样的规则：用最少的资源，达到恰好的功能，并以简单、平实的形式表达出来。这，就是简洁之美的规则，所谓"大道至简"。

宇宙万物以极少的基础构件，进行不同维度的应用。因此，人类的组织、产品的设计都应该"道法自然"，以简洁为美。

2009 年 3 月 26 日

人生的两个视点

我们的眼睛总是在观察别人，在看别的事物。除了照镜子之外，很少能看到自己。现在，请移开镜子，闭上眼睛，向内看，观察自己，看看有何收获。

首先，画一根 X 轴，原点就是现在的你。

往左看，负轴方向是你的过去，但不是到负无穷远，而是你刚刚出生的那一刻，那个尽头是婴儿时期的你。

往右看，是你的将来，同样也不是到正无穷大，而是有限的时间，那个尽头是临死前的你。可能是个羸弱老者，也可能是其他形象。

这就是二维图示所呈现的你的一生，简洁、明了、直接而决断。

经常画这么一根 X 轴在你的心里，经常往左、往右看看，你可能会感到生命宝贵而短促，或者感到无奈茫然。

这会让我们有敬畏之心、仁爱之心，让我们有所珍惜。

这种审视自我的方法叫二维视点。

还有一种方法，是三维视点。

你坐稳，或者站直，沿着身体的中轴，从头顶往上拉一根无限远的直线。将你的身体留下，带上你的眼睛和灵魂，沿着这根直线往上，往上，再往上。

你会发现你的身体越来越小，越来越小。你会成为地面上的一个小点，然后小点渐渐模糊；随后，连地球也成了一个小点；再往上，太阳系成了一团模糊的星云。暂时到此为止。若再往无穷远去，超过了太阳系，就连想象力也无法到达。

到此为止的认识，就是我们生命的三维图示。类似灵魂出窍，玄妙而孤寂。

经常从太空看自己，你会发现自己的渺小和无意义，宇宙中多一个你，少一个你，有什么差别吗？可能有，可能没有。

这或许会让我们变得谦卑和宽容。

让我们从浩瀚宇宙中收回视线，再次"内观"。想象我们进入了身体，先是某一个器官，接着是器官的组织、细胞，最后到达最小的单元——量子。

通过细胞克隆，可以复制出一个一模一样的自己。量子纠缠可能带有前世来生的因果。藏医认为，我们身体的运行规律跟天文星辰一样。佛教认为，我们每个人心中都具备一样的佛性，而这纯净真心跟宇宙万物是一体的。

所谓宇宙，是由万物组成的全体；而每一个最小的单元里面又包含了宇宙的全部信息。

每一个人，其实都是非常独特和重要的。我们是个小宇宙，我们自备佛性。这又让我们觉得完满和喜悦。

换一个视点看自己，人生便有不同。

2009 年 12 月 31 日

社会的统一场论

社会分工的细化，使得各个行业的区分越来越明显。通常，不同行业的人会带有不一样的职业习惯，有些甚至固化到性格里去，成了这些职业的标签。比如财务、律师偏保守，政客重理性，牧师和善古板，艺术家个性强，商人灵活，科学家有点不食人间烟火，军人比较粗犷，等等。

但是，当你近距离地接触各个行业的佼佼者，却能发现一种明显的趋同感。他们对于事物的看法通常非常一致，心态、价值体系也趋同。

这些佼佼者有许多共通点，通过"合并同类项"，大致可以归纳如下：

一、执着、专注、心无旁骛。能在一个行业内混出点名堂的人，通常都有那么一点"二愣子"精神，不达目的，决不罢休。除了着迷和热爱，还有一份信念让他们坚持到最后。

二、不重名利，超然物外。画家在作画的时候，如果心里盘算着每一尺的价钱，估计画不出可以流传的作品。正因为这样的纯粹，他们才少了许多羁绊，才能够将自己的天分发挥到极致，取得常人难以取得的成就。

三、兼容并蓄，没有篱栅。他们不会拘泥于前人的教条，也不会局限于现存的套路，而是从不同行业、不同的人身上汲取营养，在继承人类最优秀的智慧后，进行自我创造和突破。

四、胸怀天下，普度众生。这些人总是从符合大多数人的利益的角度出发考虑问题，而不是从一己之私利出发。这样资源的配置才能带来最大的效益，而资源的耗散产生出最大效率的能量，反哺给系统，形成稳定的良性循环。

五、运气好。所有成大事的人，都有一项十分重要的因素，就是时运。很多人忽略了这个因素，总在自己身上总结经验，然后觉得自己多么能干，多么伟大。讲到运气，好多人觉得就是"唯心"，就是迷信。实际上，"时运"就是我们自己有意或无意，顺应了宇宙运行的大势，和迷信没有关系。

在对这些行业和人物进行观察的时候，我想起了登山。

开天辟地时，世上只有一座原始的山，没有上山的路。混沌初开时，一些有好奇心、有天分的人可以探索出许多不同的道路来。那些道路也没有明显的区分和定义，就像达·芬奇这样的天才，可以"探索"出许多条"路"来：画家、寓言家、雕塑家、发明家、哲学家、音乐家、医学家、生物学家、地理学家、建筑工程师和军事工程师等。慢慢地，走的人多了，绕山一圈，就有了许多条通向山顶的道路。山顶是大家所努力追寻的目标，古人称之为"道"。不管从哪条道路上来，最终能够到达山顶的人，看到的是同一道风景。

一切学问的终点是"道"，一切文化归根结底也是"道"。

"道"是个说不清讲不明的东西。道家说"道可道，非常道"，佛家也有"顿悟"一说。不同行业的佼佼者也会经历类似"悟道"的阶段。

　　"道"虽然说不清楚，但"道法自然"，也就是说，"道"和宇宙万物的规律是一致的。

　　牛顿、爱因斯坦、霍金这三位伟大的科学家实际上都在寻找一个适合宇宙万物的"统一场"，这个"场"不仅能够反映日常物体的规律，也能反映微小粒子和巨大天体的规律，当然至今未果。牛顿和爱因斯坦最后都转向了宗教，而霍金原则上并不相信有拟人化上帝的存在，但是在探索的道路上，我看他正滑向斯宾诺莎的"上帝"[1]。

　　看似如此混沌的宇宙，其运作又是如此精准与和谐。在一条看似偶然的边界上，画出了一条清爽优美的存在曲线，让古今无数英雄折腰。

　　人是宇宙的一部分，由人类组成的社会也是宇宙的一部分。宇宙的"统一场论"至今没有找到最后的答案，人类社会是否也存在类似宇宙的"统一场"呢？去发现更多的共性与本质，就是接近真理的道路。

2010 年 10 月 6 日

1　斯宾诺莎认为宇宙间只有一种实体，即作为整体的宇宙本身，而上帝和宇宙就是一回事。他的这个结论是基于一组定义和公理，通过逻辑推理得来的。斯宾诺莎的上帝，不仅包括了物质世界，还包括了精神世界。他认为人的智慧是上帝智慧的组成部分。斯宾诺莎还认为上帝是每件事的"内在因"，上帝通过自然法则来主宰世界，所以物质世界中发生的每一件事都有其必然性；世界上只有上帝是拥有完全自由的，而人虽可以试图去除外在的束缚，却永远无法获得自由意志。如果我们能够将事情看作是必然的，那么我们就愈发容易与上帝合为一体。因此，斯宾诺莎提出我们应该"本质地"看事情。

乔布斯的启示

2005 年，乔布斯在斯坦福大学的毕业典礼上发表演讲。这篇演讲非常著名。我想借此谈谈我的想法。

在这篇演讲里，乔布斯讲述了他生活中的三个故事。

第一个故事，是关于如何把生命中的各个点连起来的。

乔布斯从他的出生开始讲起。他的生母是一个年轻、未婚的大学生，她决定让别人收养他，但前提是收养他的人必须大学毕业。一天半夜，乔布斯的养父母接到一个电话，问他们是否想要一个意外出生的男婴，他们欣然接受。但乔布斯的生母发现，他的养母从来没有上过大学，而他的养父甚至没读过高中，因此拒绝签署收养合同。几个月后，他的养父母答应她一定会让乔布斯上大学，她才勉强同意。

到了十七岁时，乔布斯上大学了。里德大学的学费昂贵，父母是蓝领，他们几乎把所有的积蓄都花在了他的学费上。六个月后，乔布斯觉得这样做不值得。他说："我不知道我真正想要什么，也不知道大学能怎样帮我找到答案。但在这里，我几乎花光了我父母一辈子的全部积蓄。"他退学了。在当时，这个决定让他很担忧。回过头看，乔布斯却觉得，这是他一生中最棒的一个决定。

这个决定并不浪漫。他没有宿舍，只能睡在朋友房间的地板上。为了填饱肚子，他去捡可以卖五美分的空可乐罐。星期天晚上，为了吃上一顿好饭，他必须走上七英里的路，穿过城市到达 Hare Krishna 寺庙。乔布斯跌跌撞撞往前走，全凭自己的直觉和好奇心，后来他发现这经历是无价之宝。

里德大学当时有也许是全美最好的美术字课程。大学里的每张海报、每个抽屉的标签上面都是漂亮的美术字。因为退学了，乔布斯不必去上正规的课，所以有机会去选修这个课程。他学到了花体和圣花体字体的区别，学会了怎样在不同的字母组合中调整间距，等等。这些东西，当时看来毫无用处，但十年后，在乔布斯和伙伴设计第一台苹果电脑的时候，他把这些知识全都用了进去。乔布斯说："如果当时没有退学，我就不会有机会去参加这个我感兴趣的美术字课程，苹果电脑就不会有这么多丰富的字体，以及赏心悦目的字体间距。"

十年后往回看，一切都非常清晰，每个点都连接起来了。

乔布斯总结说："你一定要相信，这些小点也许在你生命中的某个时候会连接起来。你总得相信点什么：你的勇气、宿命、生命、因缘……不管什么。这个过程从没有让我失望过，只是让我的生命与众不同。"

这个故事实际上是说，是金子，在哪儿都能发光。不怨天，不怨地，关键在于我们自己。我们有时总是抱怨命运不好，出身不好，时代不好，或者公司不好，行业不好，领导不好。实际上，你生活中的每一件事情都说不准是未来某件事的因缘。当我们看上去碰到挫折的时候，它可能带给我们下一次崛起的力量。

我出生在农村，小时候在农村碰到的许多困苦给了我的身体和心灵足够的历练。后来在生活中碰到许多困难和挫折时，它们就变得容易打发了。一个在农村泥土里打滚拼搏出来的孩子，在未来的事业、工作中还是比较能够抗压和忍耐的，追求成功的欲望也比较强烈。现在许多成功的企业家、政治家、艺术家，小时候都比较不容易。困难如果没有把我们压垮，就会让我们变得更加强大。过去的困苦，成就了我们的进取和坚强。要是我生活在条件优越的家庭和环境里，我怀疑自己是否能有足够的闯劲和韧劲，支撑自己连续十多年艰苦地创业。

我毕业分配的时候，因为户口问题进不了外企宝洁，只能进了一个国企——长江计算机集团。国企几年的经历，让我真正地了解了社会和人性；也因为不适应国企的环境，我逼迫自己下海创业，才有了后来的携程网、汉庭等。如果我进了宝洁，中国可能多了一个职业经理人，但少了一个创业者、企业家。

我是1985年进大学的。那一年，我们学校有很多优秀的同学保送进大学，有些去了南京大学，有些去了东南大学。因为我平常比较调皮捣蛋，大约老师们觉得我不够"又红又专"，所以保送的名额没有我，后来我不得已参加了高考，报考了上海交通大学。在大学的时候，隔壁班有个同学叫万辉。正是因为他的介绍，我认识了回国寻找机会的梁建章，和在德意志银行干活的沈南鹏，后来我们三个（加上范敏）都参与创办了携程网。如果我被保送进南京大学，可能就不会有携程网这个故事了。

不管眼前的道路如何，即便有时候生活让我们没的选择，只要我们心里有信念和理想，生命中的每一件事情、每一个人都有可能成为我们生命中重要的一个点。这些点连起来，就是我们每个人独特的人生。平庸还是伟大，富贵还是贫贱，成功或者失败，幸运或者倒霉……都是这些小点连起来的轨迹而已。

第二个是关于爱和塞翁失马的故事。

二十岁时，乔布斯和伍兹在乔布斯父母的车库里创办了苹果公司。十年后，它发展成了有四千多名员工、价值超过二十亿美元的大公司。公司成立后第九年，他们发布了最好的产品麦金塔。但也就在那一年，他被自己创立的公司炒了鱿鱼。原因是，在苹果快速成长的时候，他们雇用了一个很有天分的家伙和他一起管理这家公司。在最初的一两年，他们合作得还不错。后来，他们对未来的看法产生了分歧，最终两人争吵起来，而董事会并没有站在他的那一边。

三十岁的时候，乔布斯出局了。对他而言，这是灾难性的打击。最初的几个月，他不知该做什么。他甚至想过离开硅谷，离开这一切。但他渐渐发现，自己仍然热爱所从事的事业。在苹果公司发生的这一切丝毫没有改变这个事实。于是，他决定从头来过。

事实证明，被苹果公司炒鱿鱼是乔布斯一生中最棒的事情：终日为功名所累，还不如做一个开创者来得轻松。他如释重负，进入了生命中最有创造力的一个阶段：创立了 NeXT 软件公司和皮克斯动画工作室，还认识了他后来的妻子。在后来的运作中，苹果又收购了 NeXT，他又回到了苹果公司。他在 NeXT 发展的技术，在苹果后来的复兴之中发挥了关键的作用。

如果没有被苹果开除这件事，后来的这些事情一件也不会发生。乔布斯说："有些时候，生活会拿起一块砖头向你的脑袋上猛拍一下，不要因此失去信仰。我很清楚，支撑我一路走下去的，是那些我所爱的东西。你需要找到你的所爱，工作如此，爱人也是如此。你的工作将会占据生活中很大的一部分。你要相信这份工作是伟大的，你必须先热爱它；你只有坚信自己所做的是份伟大的工作，才能怡然自得。如果你现在还没有找到，那么继续寻找，不要停下。只要全心全意地去寻找，在你找到的时候，你的心会告诉你的。"

我们很多人都可能碰到类似的事情。生活会给你带来起伏，在低谷的时候，你会对生活失去信心，无所适从。但中国古代早有故事说明其中的玄机：塞翁失马，焉知非福。

挫折对于强者而言只会是养料，甚至是反弹的后冲力。乔布斯没有经历这次"被辞退"，可能不会有今天的成就，他的人格也不会这么圆润。

人类亘古以来一直在探讨一个问题：如何度过我们的一生。许多人不会去想这个问题，许多人痴迷于一些东西（权、钱、名、利等），看不清楚。乔布斯的回答是：找到你的所爱，将你生命中所有的时间花在你的所爱上面。不要为别人活着，要为自己活。在生命的最后时光，他也是秉承这个原则。他将他的最后时光留给了家人，只见了少数几个外面的人。

世界上最幸运的事情，就是能够将工作和所爱结合在一起。巴菲特说，他每天早上都是拎着公文包，哼着小曲，踏着舞步去上班的。这样的境界就是热爱工作的境界。当然，不一定每个人都能够像巴菲特这么幸运。你要么爱上自己的工作，要么换一个你爱的工作。哪怕只是为了谋生，也要找一个喜欢的行业和公司。

你可以有无数种可能的方式度过自己的一生。从幼儿园开始就为了上名校折腾，毕业以后希望找到高薪的工作，工作以后追求豪宅、名车，有了孩子以后再开始新一轮追逐。如果这就是你的所爱，也未尝不可。但，我们是否还能找到一些更深远、更永恒、更精神一些的生命价值呢？

没关系，直接的、物质的所爱也可以。只要我们能找到，并且那是我们内心真正需要、真正所爱的就可以。为之奋斗一生，就是值得。

第三个故事关于死亡。

在这篇演讲的一年前，乔布斯被诊断出患有癌症。那天早晨七点半，他做了一个检查，报告清晰地显示，他患有胰腺癌。医生告诉他，那可能无法治愈，他也许还能活三到六个月。医生建议他回家，整理好自己的一切。那意味着，他将要把未来十年对小孩说的话在几个月里面说完；要安排好后事，让家人可以尽可能轻松地生活；意味着，他要说"永别了"。

但后来，乔布斯做了手术，"痊愈了"。

那是他最接近死亡的时候。也因此，他对死亡有了更深刻的理解。乔布斯想到："死亡是我们每个人必然的终点。没有人可以逃脱。也应该如此，因为死亡是生命中最好的发明，是生命的必由之路……你们的时间很有限，不要浪费时间去过其他人的生活。不要被教条束缚，那是其他人对生活的思考。不要被其他人嘈杂的观点掩盖了你自己内心的声音。还有，最重要的是，你要有勇气去听从你的直觉和内心的指引。在某种程度上，它们知道你想要成为什么样子，其他的事情都不重要。"

在大学里学英语时，有一句话，我看了一眼，至今难忘，叫"Listen to the sound of your heart"（听从你内心的声音）。我们不知道未来是什么，也不知道哪条路可以通向成功，更不知道前方会遇到什么。与其扔骰子，不如听从内心的声音，一路向前。失败了也不会后悔，因为是你的内心要去那里。成功了，你内心的声音会更加坚定和清晰，你的人生也会更加绚丽和精彩。

乔布斯2004年查出有胰腺癌，做了手术，以为可以治好。想不到七年后，他还是走了。这七年，乔布斯给世人带来了太多的精彩，苹果的股票也从十七块上涨到四百块（实际上苹果的股票飞涨正是从那个时候开始的）。乔布斯好像在和生命赛跑一样，不停地创新，不停地出新产品，不停地带给大家惊喜。在诊断出癌症后，乔布斯也可以退出日常工作，安心养病，慢慢调理。说不定这样，他的病情不会反复，至少不会恶化。那样他还能有十年、二十年的时光，陪他的孩子们一起成长。但乔布斯没有选择这样的道路，而是全身心地投入到自己所爱的事业里。他比以往任何时候都知道生命的可贵，因此更加拼命和努力。这样的强度，就是一个平常人也不一定吃得消，更何况一个患有癌症的人呢！我们今天能够用到这么好的苹果产品，都是乔布斯以心血和生命成就的。

生命对每一个人都是一样的，不多也不少，不偏也不倚。一个人不管多么能干，多么成功，如何聪明，甚至不管如何伟大，如何位高权重，都难以回避死亡。这是每一个人——伟大或者平凡，富有或者贫穷，高贵或者低贱——最后的同一归宿。

想想死亡，尽管我们是一脸的无奈和虚无，但活着时还是要"stay hungry, stay foolish"（求知若饥，虚心若愚）啊。

2011 年 10 月 9 日

日日是好日

假期里也常有诸多烦恼。

比如，恭贺信息。我没有发信息问候的习惯，但经常收到别人的短信、微信。这时候，不好意思不回，但回了又要花费许多时间，很是麻烦。而自从有了发红包的功能后，就更麻烦了。别人跟你要红包，你总不能不给吧，好歹也是个老板。但是问候短信、微信，除了肥了电信公司和腾讯外，其实真没什么用。在节假日给你发问候的，多数是平常不熟悉、不联系的人，借此和你套套近乎，温润一下关系。熟悉的人，是不需要借节日来问候的；不熟悉的人，问候了也是白问候。在一大堆问候短信、微信里，你觉得给自己加了多少分？增加了多少的感情？

另外一个烦恼，是我平常很忙，节奏紧张，一放假神经松弛下来，反差太大，身体反而不适应，容易生病。

假期应酬也多。且不说有拜年、送红包、吃团圆饭、参加各类聚餐等重头戏的春节，就说中秋送月饼、端午寄粽子、圣诞跑大趴也够你忙的。太多的应酬更是沉重的负担。

至于假期其他的负面事项也都是大家所熟悉的：高速公路免费带来的拥堵、每年春运造成的全国性大迁徙、烟花爆竹带来的污染和扰民，等等。

几年前，我就开始尝试在海外过年，还为此取了一个名字，叫"逃节"，效果还不错。然而现在，出国过年俨然成了新的时尚，应酬也随之追到了国外，简直是逃无可逃了。

　　所以解决问题的方法只有一个：修心。

　　前一阵子流行"拼命工作，拼命玩"的做法，认为理想的生活是不断在这两个极端之间来回切换。我不赞成这样的观点。且不说拼命工作容易造成身心疲惫，就说在两个极端之间不断交错，人体的交感和副交感神经也很难调节，长此以往，很容易造成植物神经紊乱。

　　静下来想想，几乎所有的节日都是人类自己定义的。所谓节日，本来都是普通平常的日子。人们为了纪念、庆祝、传承，或是宣扬某种"美德"，甚至就是为找乐子找理由、找借口，定义出来的。

　　因此，如果我们能怀着平常心看待每一天，无论是上班还是放假，去除分别心，珍惜每一天，享受每一天；如果对人生能有美好的憧憬；如果心怀远大的理想；如果能肩负起集体的责任；如果有梦想要去实现……那我们的每一天都会非常快乐和开心，哪还有什么工作和放假的区别？

　　今日的我，已没有上班、放假的分别。

　　每天早上起来，心里都满怀让企业更好的理想，而且自觉我的工作很有意义，因为能够影响众多（每年近亿人次）中国人出行和差旅的生活。当他们远离熟悉的城市和家，我们能够提供温暖可靠的产品和服务给他们。华住的众多酒店，能够让他们安放疲惫的身心。我每天工作完毕，心里的喜悦也是满满的，为一天里完成的许多成就高兴，为想到、听到的好想法陶醉，为遇到有意思的人开心。

在节假日里，我也不会停止对企业的关注和思考。有时在这样的时刻，你会更有高度感和优越感。许多大的战略思考和文章，我都是在飞机上或万众喧嚣的假期里完成的。身在何处，反倒无所差别。

小时候看电影，总是将人分为中国、美国，八路、鬼子，好人、坏人；后来，我发现世上的人（也包括电影里的人）有太多不同的分类法，简单地分成两类是没法反映真实世界的。在一个高度复杂的社交体系里，为了方便和简单，我们习惯给万事万物、芸芸众生贴标签，根据出身、学历、职业等。所谓时尚、流行，所谓道德、习俗，也都是标签的一类。标签（语言、文字是最普遍的标签）限制了人们的思维，人为地设定了边界，画地为牢。当你不用二分法（比如对和错、好和坏）去看待一切，当你不给任何事物贴上标签，当所有的边界和可能都被打开，你会发现这个世界原来如此美妙！

行文至此，我心生喜悦，不禁想起一首禅诗："春有百花秋有月，夏有凉风冬有雪。若无闲事挂心头，便是人间好时节。"抱着这样的心情看时光，看日子，你就会发现，日日是好日，夜夜是春宵。

"日日是好日"，是没有分别心，是一种禅心。在我们这个物质化的世界里，在这个碎片化的时代中，能够保有一颗无分别的禅心非常有必要。

2016 年 2 月 14 日
于东南亚某处

生活即艺术

前几年，为了做好中档酒店，甚至向高端品牌进军，我感觉自己也必须升级，再也不能是圆领衫、牛仔裤的范儿，就开始附庸风雅。参加各类画展，见艺术界人士，自己也试着做些收藏。

刚开始是瞎买，还好我那时没放开，没花太多冤枉钱。后来，我就听一些圈内朋友的意见去买，弯路是少走了，但是那些花费不菲的作品，我看来看去就是没感觉。再后来，我终于明白，就像人们对于美女的观点大多迥异一样，我怎么能够依靠别人的审美去收藏呢？花了钱，买的是别人的喜欢。即使是专家、名人的喜欢，也是他的，不是我的。收藏好比娶媳妇回来，天天看着她，自己不喜欢，那终究是不对的。

我的艺术底子差，不易看出作品的价值，而价格差异也好大，少的几万，多的几千万，那如何是好？慢慢地，我理解到，藏家其实是艺术家的赞助人。我们在收藏作品的时候，除了满足自己以外，也是在帮助艺术家维护他们的生活方式，帮助他们专注于他们自己的理想国。

我收藏的条件也就演化成：喜欢作品、喜欢人、价格能够承担。这三个条件同时满足，我才会收藏。因此，我得深入了解艺术家的生活、思想，以及他们的价值观。

　　艺术家们都很有意思，他们也有许多共同点。比如，他们都极其"自恋"，不管是真的假的，他们首先是被自己感动了。他们的生活总是在理想和现实中摇摆——但很明显，他们喜欢生活在梦想里，不擅长现实生活中的柴米油盐。作品是他们内心的投射，他们通过艺术作品来完成自我的表达。

　　有位大师擅长大画，他的作品大都以黑色为主，且多为悲剧题材，很震撼观众。有一次，我跟他一起候机，发现为保险起见，他们一家要分别乘坐两个航班。他对世界如此悲观，是不是正因如此，才激发他画出了伟大的作品？

　　还有一位雕塑大师，思想和性格都特别有力量。我买过他的小型作品，但当他的一个大型雕塑在我家院子里竖立起来后，我才真正感觉到他作品的那种气势：傲然，有力，坚定，自信中透着些卑微和虔诚，充满了对自然的尊重和敬畏。

　　有位著名的摇滚歌手，除了偶尔搞雕塑，还创作油画。我收了一幅他的大幅油画，回来后发现很难挂，因为他的画跟他的歌很像，特别有性格，调侃中带点痞性，浓艳中带着批判，那种大胆和率真跃然纸上，但很难和环境融合。不管是歌还是画，都是他的表达。

　　有一天，有位著名艺术评论家发了一篇福柯谈生活艺术的文章给我，里面有一句话："每一个体的生活难道不可以是一件艺术品吗？"一语点醒梦中人。

　　是啊，技巧已不再重要，表达形式已不再重要，艺术作品其实是艺术家形而上的形而下表达而已。有思想的艺术家，才能够创作出有思想的作品，伟大的灵魂才会诞生出伟大的作品。

而他们的生活本身，也是他们的作品。

既然杜尚随手拿来的小便斗，签上名就可以让它成为一件艺术品，那么每一个人的生活本身更应该是一件艺术品。福柯说："从自我不是给定的这一观点出发，我想只有一种可行的结果：我们必须把自己创造成艺术品。"

这就是我在附庸风雅的探索途中得到的意外收获。在这样的思想指导下，我的生活也发生了一些变化。

我们上海办公室是租来的。原来是一个非常破旧的老房子，租期也很短。几年前入住的时候，也算是认真收拾了一下，但总觉得有很多可改进之处。比如，我书房和阳台的前面有一扇门，还有一扇可以完全开合的落地窗。我觉得空间太散了，于是将门封起来。这样调整后，书房的空间就完整了，阳台的私密性增加了，还多了一面可以挂画的整墙。尽管是租期很短的房子，但为了完美，我还是要不厌其烦地调整、修改，直至自己满意为止。

对待生活的态度，不在于天长地久，不在于千秋万代。如果把生活当成一件艺术品，就应该把握当下的每一种可能，做到尽善至美。这里不存在商业的盘算，人情的练达。而是在力所能及的范围内，创造出自己满意的生活来。不是等待，不是幻想，而是生活在当下。

由于工作的关系，我经常出差。俗话说"在家千日好，出门一时难"，出差还是很累、很辛苦的，为了让差旅生活不那么枯燥、无聊，我给自己准备了一些简单易行的出行锦囊。

菲利普·斯达克（Philippe Starck）设计的无线耳机，除了可以在飞机上听音乐，还可以接听电话。有时候用 iPad Pro 看连续剧可以听伴音，即使去上洗手间，这个距离蓝牙也不会断。

精选小包装茶叶或者袋泡茶，都是平常我喜欢的茶叶，在飞机上或者到了外地，拿出来简单冲泡，可以享受到美味精致的茶水。我最喜欢的是一种叫茶祖的老树袋泡茶，茶叶品质好，冲泡容易。

除了茶，我还随身带一个小香插，一盒短枝沉香。到了住的地方，熏一支小香，旅途劳顿立马就消去了，万事美好。包括洗发水和沐浴液，也是带上平常喜欢的牌子，纯精油调配出来的味道，能够给感官非常美好的信息，令人一下子觉得神清气爽。

这些生活小细节，对我来说花费得起，也不会带来额外的负担，却让我精神上很愉悦，更热爱生活，好好工作，好好做事，好好待人。

无须刻意而为之。我将生活看作自己的作品，坚持将生活的美学贯彻其中。

至于事业，我已经创立和共同创立了三家纳斯达克上市企业，每一家市值都超过了十亿美元，再去创业实在没有挑战啦，但假如我手里的企业，被我做成行业里的全球第一，这个才有点意思。

我已不再需要通过事业证明我自己，更不必通过事业积敛财富。做一些我没有做过的，不断地突破自我，以面对不确定的未来，这才是我对事业的态度。事业是我生活里不能缺失的一部分，可以让我保持一种不断学习和思考的状态，可以不断挑战我的智慧，可以将我的价值观付诸现实，可以改善相当大数量人的生活。事业增加了我人生的醇度。

当明白生活即是艺术的时候，我想做的就是不断地去做自己没有做过的。

已知的我已经知道，未知的才是我想知道的。再次引用福柯的话："在生活和工作中，我的主要兴趣只是在于成为一个另外的人，一个不同于原初的我的人。"

佛说，佛在你心中，众生皆具佛性。

我绕了一大圈去寻找艺术，寻找艺术家，最终却发现，原来我们每个人都是艺术家，每个人的生活都是艺术品。

生活即是艺术。我们要将自己的一生当成一件最独特、最重要、最昂贵、最优美的作品来创作。

2016 年 2 月 15 日

生命的真谛

请静下心来，尽量跟我一起想象现在我感受到的情景：窗外的群山、流云、落叶、小黄花、薄雾、树、迷迭香、石头的建筑、玻璃窗里的影子、远处的灯火、壁炉的轻烟……

它们已存在不知多少个世纪。当我凝望这些事物发呆，恍惚中，不知今夕是何年，何年是今日。人类的一切纠结、挣扎、明争暗斗、尔虞我诈、争名夺利、丰功伟业、爱恨情仇、活色生香、杯弓蛇影、使命和酬应……都在这凝视里淡去、飘走，有的只是眼前的虚幻，抑或当下……

人类这样子生活了很多年。在我之前，有许多人在这样的当下生活过；在我之后，还会有许多人这样生活着。

在这个恍惚的时刻，我不禁自问到底有没有来生，还是只有这一辈子？我生有涯，如何将有限的时光花在那些值得花的事情上？

我从小受的是正统的教育——唯物论，还夹杂着许多意识形态的东西。成长过程中，一股野蛮鲁莽的生长力量让自己一味地向"上"奋斗、努力，根本不信一切唯心的东西，觉得那些都是蒙昧。但在几乎穷尽了一切可能的唯物后，在看尽了人间的许多风景、历尽了许多事业的艰辛和成就、阅过了众多的人事物后，我不禁问自己，我是不是同样掉在唯物的蒙昧里呢？

这几年，我读王阳明的心学、佛教的觉悟方法、老子的《道德经》，又再看尼采的权力意志、叔本华的生命意志、海德格尔的存在主义、福柯的生存美学……好像一以贯之，都是唯心的理路。而且，我的内心似乎跟这些"唯心"的观点更加合拍一些。

打开唯心这扇窗后，我发现自己越来越向着"心"的方向发展和演变，更多地去阅读佛教尤其是禅宗的书籍。我开始打坐，开始重读王阳明的《传习录》……

但对于来生，我还是不甚明了，不甚确定。从最初的 0% 到如今的 60% 以上，虽苦苦寻觅、考据，还是不甚有把握。不过没关系，就像我很久前写的一篇名为"生命中的两种假设"的文章一样，我也可以假设生命有两种可能性：一种有来生，一种没有。

假如有来生，不管是按照佛教的因果报应，还是依据量子力学的量子纠缠来看，都应该扬善避恶，让有限的生命陪伴生命中的所爱，不能也不该为了一时的欢愉，伤害他人、他物；反之，应该尽量创造美好，造福万物。那些算计和虚荣都是虚妄，毫无价值，毫无必要。所有的纠结和挣扎毫无意义，不过是自寻烦恼。法自然，顺自然，不仁不德，不伪不妄，至简而不淫物。

假如没有来生，只有这一辈子，人更应趋善避恶，不作恶，不蹉跎，顺从内心，做自己。将仅有的时间花在那些值得花的地方，将时间、智慧、物质跟身边有缘、相爱的人分享，与他们共度美好生活。

回头想想，我曾把那么多的时间浪费在那些无聊、无意义的事情上！那些没有必要的应酬，那些不相干的人，那些没有意义的局，那些原本可以陪伴我至爱的无聊时光……

我生也有涯，而美好无涯。当我离开这个世界，应不后悔，不遗憾，不感到人生虚度。值得我珍惜、令我不悔的一定不是那些名、利、虚荣、成败。最有意义的一定是顺从我的内心，活过，爱过，创造过。

年轻时思考生命的意义（意义是由客体定义，主体只有过程的意义。对于个体而言，生命无所谓意义，只有过程和当下），前几年体察"求真、至善、尽美"，如今我体悟到，不管有没有来生，人的一生都应该"真实、善良、美好"（这一点类似于王阳明的"致良知"）。

我只是这个世界的过客。不管会不会回来，我没有理由自大，也没有理由自卑。我不害怕失去，也不喜乐得到。我不必慌张地抓紧感官的欢愉，也不必自寻烦恼，纠结在思想的循环中。不回来是顺道，回来是因缘。

众如斯，皆如斯，恒如斯。万物由心，心随万物；一归万物，万物归一。

2017 年 1 月 17 日

仰望天空和脚踏实地

年轻时，尤为喜欢毛姆的《月亮和六便士》。书里的主人公"和许多年轻人一样，为天上的月亮神魂颠倒，对脚下的六便士视而不见"。月亮象征着一种美妙的精神境界，而六便士这种小面额硬币代表着世俗的蝇头小利。

那时，我也是如此，为天上的月亮神魂颠倒，对一切理想主义的东西感兴趣：草地上的诗歌朗诵、罗曼·罗兰的《约翰·克利斯朵夫》、尼采的哲学、萨特的存在主义……我们在物质上可以说什么也没有，也没什么物质追求，但精神的富足平衡了物质的匮乏。

后来踏入社会，下海经商，数次创业，跟那些理想主义的东西越来越远，偶尔酒酣耳热之余，仰望天空，想想当初的理想，对比当下的现实，感慨万千！因为理想主义者柔软而细腻的内心，在冷峻的现实中不但毫无优势，反而容易受伤。

人到中年，内心平和安静下来，那些理想主义的东西又浮现出来。正像月亮，虽然乌云会遮住她，但她依然在那里。回顾自己的过往和实践，正是大学时代那些理想主义（形而上）在现实中的实验和表达（形而下）。没有当初的高远，我不一定能走这么远，可能会陷在物质的泥潭里，不能自拔；可能会掉进世俗的温柔乡，麻木不仁；也有可能会被内心的自尊蒙蔽，在虚荣和自我中耗尽一生。

这几年，我也接触了一些搞文化艺术的朋友，他们都是一些特别理想主义的人，那种理想劲儿跟我大学时代很像。在现实生活里，有些依然坚守纯粹的理想，有些愤世嫉俗，有些成了极端的人。当理想主义找不到出口的时候，激烈和极端就变成了某种自我伤害。我很普通，也比较幸运，我所经历的磨砺反而使我更平和。在当下，即使很多理想依然找不到出口，我也依然认为应该往美好的方向去奔，而不仅仅是讽刺、批判和否定。曾经我们凭借"破"的力量和勇气，让这个国家和民族走出了漫长的阴影和禁锢。到了今天，仍然有许多地方需要改进，需要突破，但这个时代最需要的是建设的力量，是创造的力量，是让人民生活得更加美好。

卡夫卡在《午夜的沉默》中说："人要生活，就一定要有信仰。信仰什么？相信一切事和一切时刻的合理的内在联系，相信生活作为整体将永远继续下去，相信最近的东西和最远的东西。"

我坚信，人能够信仰一点什么比什么也不信仰要好。

到底信仰什么，没有那么重要。所有的宗教都标榜自己是终极真理。也许它们只是终极真理的一个方面；也许在信它们的人那里，它们就是终极真理。不管怎样，宗教带给人的平静、安宁、和平、善良，确实让许多人的内心得以解脱，获得抚慰，让普通人能够从世俗的生活中瞥见灵性的光辉。

不仅宗教如此，对企业理想的信仰、对梦想的信仰、卡夫卡说的"相信最近的东西和最远的东西"都是一种信仰。

理想、信仰就是毛姆所说的月亮。只有月亮而不顾及便士的生活是无法美好的。实际上，东方哲学的"中庸""执中"，跟西方的辩证法一样，说的都是万事万物要平衡，所有的极端都是偏执。我们可以在诗歌、小说中将理想主义发挥得淋漓尽致，但现实生活中两者都需要。没有理想和信仰，就没有高度，走不远，格局不大；没有现实和经济，理想的翅膀就容易折断，掉在愤世嫉俗陷阱里的可能性极大。

不管是"仰望天空，脚踏实地"，还是"月亮和六便士"，都没有这一句来得生动："可上九天揽月，可下五洋捉鳖。"鳖就是俗称的"王八"。虽然不太好听，但是话糙理不糙。

如果要想在商业上成就一番伟大的事业，就必须既能"揽月"也能"捉鳖"。那些日常中的琐碎、精细、计算大概就是"捉鳖"这一类吧，而对理想和信仰的执着，则属于"揽月"的范畴。

熊彼得说："资本主义的典型成就并非在于为女王提供更多的丝袜，而在于能使丝袜的价格低到工厂女工都买得起的程度。"织丝袜就是"捉鳖"，丝袜不再是女王的专宠，而是能够让女工买得起。在这个角度上看待企业的意义，那就到达了"揽月"的境界。

同样是织袜子，观念不一样，意义也就不一样。正像佛教所说，发心最重要。做事情的初心就是佛教所说的"发心"。

有了正确的"发心"，看清了意义，前行路中就会更有力量，也会得到更多的认可和帮助，才更有可能创造出"发心"

里的美好。

这也正是一个人、一个企业，既要能够"九天揽月"又要能够"五洋捉鳖"、既要"月亮"也要"六便士"的原因。

2018 年 2 月 4 日立春
于新加坡

二、终点即是原点

人本来就是天的一部分，人欲太重的话，干扰太多，根本没法知道天是什么。当去除人欲，跟天合而为一，自然就感知到"天理"。安静了，你就能听到某个真切的存在——有人说是上帝，有人说是自然，有人说是真理。

追寻与安顿

　　创业以来，我做的事情都和"酒店"有关，有人问我，选择这个行业是出于偶然还是必然？其实我们在做很多选择的时候，在当下可能是偶然的，但经历过之后回头看，会发现偶然背后有很多必然。

　　为什么我会选择做酒店，并且是高标准的酒店？

　　我小时候的生活很苦，住的房子不能说看得见星星吧，但也差不多。外面下雨的时候，家里也会下。冬天根本睡不暖和，薄薄的被子上要压很多衣服保暖。除此之外，爸爸妈妈整天吵架……没有什么能让我有家的感觉。因为我有这痛苦的童年，我自己做酒店后，就希望通过我的努力，让不在家里的人能有家的感觉，这个家是安全的、可靠的。我一直有这种情怀或者说理想在。

　　我想，中国大部分企业家都有自己的情怀，只是表达方式不一样。这些人的情怀，可能超越了人类本身的一些东西。我们自己本身内在有痛苦，我们想脱离它们，但这个过程，是通过超越自我的局限，去实现我们的理想。

　　时间是理想的试金石。不同的人做同一件事情，当时间足够长，你就会看出不一样。比如，有段时间很多人从美国退市，搞私有化，我们那时候股票价格也非常低，而中国的股市非常好，但我没有去做这样的事，因为我创业不单单是为了财富。而且，退市、再上市会花我很多时间，有这个时间的话，我为什么不花在产品的研发上？为什么不花在团队的建设上？我喜欢投资者而不是投机者购买我公司的股票。有没有情怀，就会在这种事情上体现。那时候，我连一点犹豫都没有。我不需要退市。ADS（美国存托股份）和ADR（美国存托凭证）概念炒得很热的时候，我不为所动。

但我并不是一直这么安心，安顿内心也需要漫长的思考过程。如果说现在的年轻人不睡觉了，晚上的时间都用来喝酒，那我会去思考。我会想，我的酒店会不会开不下去了？我是不是要去开酒吧？又或者，同行做了个好酒店，我会关注，去了解他们的产品，看看好在哪里。潮流的改变，客户的改变，这些才是我关注的。

我们都是凡人，喜欢喝酒、喝茶，喜欢日常生活的享受。但我们还应有更高的追求。追求的高低决定了人或者企业之间的差别。

但最大的差别或许是看不见的，那就是内心的安顿。

2018年3月20日

万物是心的映射

今年清明，我回老家如东扫墓，满目物是人非。

我见到了很多小时候一起玩耍的同学，有些照理应该很亲切，但实际给我的感受却是陌生、遥远。过去他们身上有的淳朴和天真，那种互不设防的感觉，现在荡然无存。回想童年，那些人是那么可爱，可是看到他们现在的样子……很难将想象中和现实中的人联系起来。记忆中，我的邻居们也很慈祥、友善，现在呢？不晓得是他们变了还是我变了，他们看起来似乎很漠然，笑容也很客套。所有生动的东西都在消失。

我之所以现在很少回去，就是怕这种种现实肆意破坏留存在我童年里的那些美好的东西。

我们对人、对环境、对别人的看法，实际上是内心的一个映射。那么当下的我，是不是也变了太多？当我们天真烂漫、单纯无邪的时候，我们看别人也是通透的，看世界也是单纯明朗的。当我们变得老成，变得好像对这个世界更了解了，我们看这个世界的方式，也换成了一种成年人的世故、经济的眼光，自然，看到的世界就变样了。

用哪种眼光看见的世界才是真实的呢？可能两种都是。当你有一天超脱的时候，可能出家、皈依了，看这世界又会是另外一个样子。当你怀着欲望，怀着成功的野心，怀着赚钱的想法，看这个世界就到处都是机会，到处都是目标，到处都是成就。

我就是这么一路走过来的。内心是什么样的，看这外面就什么样。人越丰富，就越能看到更多的不一样。

此刻，我在这春日的庭院里写这篇文章，风轻轻地吹拂，树轻轻地摇晃，草儿嫩绿，樱桃树马上要结红色的小果子……这些美好的事物曾被我无视，尽管它们就在我眼前。但我现在能够看见它们，能看到万物鲜活的喜悦。

2018 年 4 月 15 日

打坐的艺术

打坐是我现在生活的一部分，而我开始做这件事有一个因缘。

如家私有化的时候，我在纠结要不要跟另外一家去抢。如家承载着我太多的情结：它是我创始的，也是我的竞争对手。但是首旅那些领导都在——当初如家就是跟首旅合资的，对他们来说，如家特别重要。我就此陷入情感纠结。

一般来说，我在商业问题上很少纠结，总是很简单，很直接。但在情感上，我时常感到矛盾。这个矛盾让我当时特别难受。那阵子，有天我一个朋友说，季琦，我认识一位很好的方丈，他正好到上海，你见他一下。当时其实我不太想见，我跟他们不太会聊，但心里很烦，就胡乱答应了。见了面之后，我们也没讲什么事，他说"我们打会儿坐吧"，于是我们俩就打坐。

那是我第一次真正意义上的打坐，持续的时间不长，二十分钟左右，但脑子里一下子特别简单，特别纯粹，特别清楚，烦恼一扫而空。原先看南怀瑾的书的时候，我试着按附录上的七支坐法盘过腿，尝试呼吸，但从来没有过这种感觉。我不知道是他教我的方法得当，还是他的气场影响了我，让我到了一个非常美的境地。

因为打坐，如家那个烦恼没有了。再回头想这件事，就变得很简单。我不抢如家，对我没有大的影响，但抢的话，可能会失去全部的朋友。我们两家将全面开战，因为如家管理层肯定不愿意被我们收购。脑子一旦清晰之后，做决定就很快了。

我用的打坐方法是七支坐法。一般打坐是双腿盘，但我不用双腿，那样有点难受，注意力会被腿的痛苦带走。打坐的姿势要让你觉得舒服，不要让身体打扰你，如果腿的感受打扰你了，那得不偿失。也因此，腿的功夫要先练好，才能心无旁骛地打坐。现在我用单腿打坐能持续一个小时左右，用双腿大概能持续一刻钟。打坐时气守丹田，先调匀呼吸，到最后不要注意到呼吸，关注点若有若无地放在丹田的位置。如果脑海里有很多想法，就让它们流过去。不要去抵抗它，也不要去跟随它。

我几乎每天都打坐，每天睡前我会在卧室里打坐四十分钟左右。这是除了锻炼身体之外，我一直在坚持的事。有时候太累了，打坐会容易睡着，那就直接睡觉，但这种情况不太多。有时候出差，和朋友出去喝酒喝到十一二点，喝完也不适合打坐，精神容易涣散。白天比较闲的时候我也会打个坐，二十分钟左右，让自己放松。

打坐的时候，在放空、安静之后，可以把平日里困扰的念头引过来：要不要跟某个人结婚？要不要收购这间公司？那时形成的第一个直觉往往是对的。打坐的时候，人的大脑可能是最接近自然的状态，是人欲最少的状态。这时把人欲放进来，一称，就称出来重量。王阳明说"去人欲，存天理"，我的理解是，人本来就是天的一部分，人欲太重的话，干扰太多，根本没法知道天是什么。当去除人欲，跟天合而为一，自然就感知到"天理"。安静了，你就能听到某个真切的存在——有人说是上帝，有人说是自然，有人说是真理。

2018 年 4 月 10 日

审美的最高境界是平衡

华住有国际化的战略，国际化的过程中势必会遇到东西方审美的碰撞。美学是价值观在视觉上和体验上的呈现，东西方美学各有特征，但不管东方还是西方，总有一些核心一致的价值观，所谓大道相通。

我的竹苑，不管东方人还是西方人都很喜欢，它的风格达到了东西方审美的一致认同。我在法国有套房子，中国人很喜欢，法国人也很喜欢，也是类似道理。我一直尝试着呈现东西方兼容的审美，而不是完全用东方或者西方的东西。

我们马上会在新加坡设一个总部，建筑本身是一栋黑白屋，这是一种在热带殖民区独有的结合英国"都铎式"建筑风格和当地风格的独特建筑。在那里我可能会选一件隋建国的"中山装"，再选一件英国雕塑家托尼·克拉格（Tony Cragg）的作品放里面——托尼·克拉格的东西很抽象、平衡得很美。这样东西方就会有一个对话：东方很具象，西方很抽象，于是场景就变得有趣了。室内的话，我可能会摆一幅周春芽的《绿狗》。周春芽的这个系列非常中国，那些狗要么很可爱，要么充满了欲望——中国式的欲望，不管中国的艺术家、企业家还是老百姓都有的那种欲望，那种张扬。同时，我可能还会选一些西方的画，像费舍尔的，抽象的，或者是扭曲的具象。我还想找一些新加坡当地的艺术家的作品。这样的环境是我所追求的，它既不是东方的，也不是西方的，在形式和审美上是全球化的，但在每个局部里有自己的表达，而且是并不突兀的表达。

美让我们心情愉悦，觉得很舒服，但这种舒服不是欲望。欲望是"形而下"的东西，美是"形而上"的，是很精神层面的。审美这件事纯粹让你看到了超越自身所处现实的东西。当我们看到樱花的美，会感叹："哇，真是太美了！"因为我们现实的生活里没有这样的东西，而樱花的"表达"一下子击中了你。

所有的美都是超越现实的表达，而审美是与这种表达的对接。如果你有欲望，那就不是审美，而是体验，是感官的享受。当然这二者没有对错高低之分。人正好是介于神和动物之间的一种存在，既有动物性也有神性。很多人觉得神性特别好，只往神性上跑，我倒觉得既然身为人，充分享受二者才是最好的状态。做神的时候享受哲学、艺术、音乐这些精神、灵性的东西；做动物的时候享受酒精、美食、性爱这些肉体的东西。这又何尝不是一种平衡呢？

2018 年 4 月 5 日

宋朝的优雅和奢侈

在我心中，美有百种，但优雅为上。优雅既不像豆腐西施那样风情万种，也不像林黛玉那样娇弱风流，而应该在豆腐西施和林黛玉之间找到一种平衡。过度的东西是不优雅的。人是如此，设计亦然。一个设计师太彰显自己的个性，设计出来的东西就不优雅；经过仔细的考虑、平衡，做出来的设计才能优雅。优雅是淡淡地超越现实，是隐，是含蓄。在《红楼梦》里面，薛宝钗就很优雅，她平衡得很好。

最近我在看宋朝的相关历史、文化，我想打造一个顶级的酒店，想从宋朝的生活美学里汲取营养。我看到这样一个故事。北宋有个权宦叫童贯，家里做包子分工明确。包子里有馅儿，馅儿里有料，不同的料都有人专门做。有个女孩专门负责切包子馅儿里的葱丝，其他什么都不做。她后来嫁给一个男人，男人让她做个包子给他吃，她说她不会做，只会切葱丝。这种生活可以说糜烂，但我们从中可以看出宋人对生活是十分讲究的。

看北宋赵佶的《听琴图》，皇帝跟大臣听琴，旁边点了一支香，那场景很优雅。在宋朝，人与人的交往也很优雅，即使在妓院里，交往都以诗词歌赋、琴棋书画为媒介。没钱你可以写首词，像秦少游；有钱也要和诗情画意配合。宋朝虽然战争不断，但是市民阶层相对有钱，所以重生活享受，最终提炼出优雅的生活方式。

在我们传统文化几乎所有的领域里，宋朝都达到了一个高峰。我们现在只知道明朝家具，但从画里可以看到，宋代家具的美学风格已经到了极致。明朝的家具其实是继承了宋朝的美学，只是做了更进一步的简化，而这简化没有改变宋朝的美学精神。除了家具，宋朝的书画也很厉害，比如范宽的画，米芾、蔡京的书法……

最后宋朝被一个野蛮民族、一个在审美上和经济上弱于宋朝的民族打败，十分可惜。中国所有的问题都是没有考虑到外部环境的挑战。如果纯粹是一个封闭独立的经济体，它是没有问题的，但世界并非这样运转。国家也好，企业也好，人也好，文和武都不能缺。文很强，没有武是不行的。宋朝这么强的经济，照理说可以有很强的军队，但因为政策的原因没有发展军事，最后导致了它的灭亡。

审美有时候是种奢侈，甚至是跟死亡联系在一块儿的。宋朝这种太极致的审美，太阴柔的力量，最终让自己毁灭。这也启示我，无论做人还是做企业都要掌握好平衡。华住以汉庭、全季这样的酒店为基础，在我们皇冠的顶上可能有一两颗璀璨的钻石，这就是我要的平衡。而如若全部由金子和钻石铺路，那我们的企业就有可能会变成脆弱的宋朝。

2018 年 4 月 12 日

时间是人类的幻觉

时间的概念是人类发明的。当你还是小孩的时候，你有时间的概念吗？没有。你哭也好闹也好睡也好，一切自然而然，你对时间的感知是很弱的。当我打坐的时候，我对时间的感知也是弱的。我可能打坐四十分钟到一个小时，但感觉只过了十分钟。

时间和真实的关系，就像语言和思维的关系一样。语言限制了人类的思维，时间也限制了我们了解宇宙的真相。只有忽略时间，你才能知道时间外的信息，才能打开时间。

空间也是相对的——空间很好理解，爱因斯坦的相对论告诉我们，只要物体运动够快，达到光速，空间就会发生改变。而当我们把时间轴打碎，将它压缩成零，令其距离无限小的时候，只要足够敏感，我们其实是可以感知所有发生的事情的。

打坐用物理来解释是熵减或者熵不增。熵的概念是：在一个封闭的系统、一个容器内有很多分子，这些分子一开始都是有序排列的，它们可能排成一条直线，但在没人管、没有任何外力干涉的时候，这条直线会变成弯的、散漫的。我们小时候排队，老师安排我们排好队然后走开，我们就会开始说话、乱跑，让这队伍从有序变无序——这就是熵增。当你是个婴儿的时候，非常有序，你有限的身体孕育了无限的可能性，不管是智力、身体，还是外貌——长大了可能长你这样，长他那样，长我这样，有无限的可能性。而我们长大、衰老、死亡的过程，就是从有序到无序。死亡让我们彻底无序：火化的时候，我们可能变成水分子、二氧化碳；而土葬时，我们可能转变为其他的形态，以不同方式散落在这个宇宙中。

按照释迦牟尼的观点，轮回其实是量子的轮回，信息层面的不一样导致我们变成不同的形态。信息组成这样就变成你，信息组成那样就变成我，有的变成石头，有的变成树。佛教的轮回观不是一个人的轮回，是所有事物的轮回，遵循熵增的原理。而打坐是一个熵减或者熵不增的过程。打坐的时候你要内观，不为外界所影响，把整个思路集中在呼吸上。这个时候，你不去想所有让你思维发散的东西，而将全部精力集中于一点，很纯粹地关注这一点，让身体处于归零的、不发散的状态。你只要发散，人就散了。人的意念对外界是有影响的，当你的意念是零，或者更准确地说，无限趋近于零、无穷小的时候，差不多就是入定的状态，这个状态是熵增最小的。

你如果尝试打坐，然后达到了一个境界，就能感觉到时间是相对的，空间也没有了。我打坐时是不知道身处何处的，也会忘记时间。忘我还达不到，但是忘记空间忘记时间是能达到的。当你的感觉发生了变化，时间感就会不一样。

上次在云南听罗旭分享他入定的故事。他是一个很率性的艺术家，有一阵子他在外面钓鱼，钓了一个月。有天下雪了，坐在水边的他一下子抵达了一个境界，外面的这个世界忽然不存在了。他知道雪飘落在自己头皮的某个角落，也能听到很远地方的一个人在说话，在用四川话说："那个傻子是不是死了"。声音隔得很远，但他听得非常清楚。他到了三摩地，但他自己没意识到。

打坐会让人一下子进入另外一个世界，有了另外一种交流方式。但是这个交流跟世间是有连接的，且这个连接会变得很敏感。他在那儿坐了两个多小时，但自己感觉就一会儿工夫。那个以为他死了的人从很远的地方过来看他到底怎么了，平常大概要走二十分钟，但从那个人说话到来到他眼前，他感觉是刹那间的事情。我至今还没达到这个境界。

自然而然，无为而为，可能就是打坐与冥想的精要。

2018 年 4 月 12 日

地

一、我的十年创业路

日常的投资决策，对我来说特别简单，没有什么纠结的地方，但是当情感和商业混合在一起，我就特别容易受伤害。不是因为对方不投了，而是因为我有对对方的信任，有对朋友的期待。在我看来，对朋友就应该两肋插刀。

注：此部分文章为作者 2011 年对创业的反思的文章合集，2018 年 4 月作者对它们做了修订并补充了四篇文章：《第一家汉庭的故事》《我的管理经验和教训》《小邻居和大邻居》《我的至暗时刻》。

第一程：携程

1999 年，大学同学万辉介绍我认识梁建章，那时他在甲骨文公司（Oracle）工作。我们闲来无事经常在周末出去旅游。有一次，建章从美国看女朋友回来，心情很激动，说美国的互联网公司正如火如荼，我们是不是也一起搞个试试。当时，我自己经营一个小公司，挣点小钱，但不管怎么努力也做不大，正琢磨着如何实现高远的志向呢。于是，我们一拍即合，当即决定创业。又拉来了从事金融的沈南鹏（巧得很，南鹏也是万辉介绍认识的）和从事旅游业的范敏。大家志同道合，一起开始了创业：携程旅行网。

当时，创业的主要动机就是想借助互联网的浪潮，多挣点钱。当然，其中也有理想的成分，想要做点什么来证明自己，想要成就一番事业。也就是说，这是四个不满现状、有些莽撞的年轻人被趋势所刺激，还带些理想主义，追逐财富梦想的平常的创业故事。

商业模式也没有什么石破天惊的创新，只是仿照美国亿客行（Expedia）的模式，先从内容开始，然后靠订房、订票获取利润。

那是个凭着一份能够讲得通的商业计划书就可以融到钱的年代。我们的商业计划不如门户网站那么激动人心，但凭着我们四个还不错的资历，拿到风险投资还是可以的。第一笔钱是具有远见的 IDG 投的，而且从此开始，他们一口气投了三个我参与创办的企业：携程、如家、汉庭。这不能不说明，在疯狂的年代，依然有聪明人和明白人。

公司从卖景点门票开始，到零售旅行社的团队保价，尝试过几个盈利模式。当时旅行社、机票代理都很厉害，不一定看得上我们，接触了几个订房公司，规模倒是不大，也在盈利和规模化之间挣扎。我们利用互联网这个好概念，吸引了部分行业精英。千里马软件的郑南雁、商之行的吴海和他的团队就是这么加入的。之后通过互联网的高溢价，我们购并了当时最大的订房公司——现代运通，王胜利就是在这次购并时加入。携程从此走向了以订房为主的业务模式。

我们几个创始人，始终坚信做企业一定要赚钱，光靠点击率和风险投资的钱来维持企业是不靠谱的。这也是我们从公司一开始就拼命寻求盈利模式的原因。在碰上互联网泡沫破灭的时候，我们误打误撞上了"鼠标加水泥"（互联网—订房中心）的模式。风险投资的最后一笔钱救了我们的命（包括凯雷和 IDG），使我们能够支撑到盈利的那一天，然后再上市，实现辉煌。

有人说 VC（风险投资）和 PE（私募股权投资）这些投资人都是吸血鬼，贪得无厌，有些人对投行等中介机构印象也不好。这里，我想借机说一下我的观点：商业是一条有机的价值链，所有的环节都有它存在的必要性，利润分享和共存共赢也是必须的，不存在谁好谁坏的问题，关键是心态。有些创业者患得患失，总感觉别人占了便宜。在融资的时候到底如何定价，没有固定的标准。虽然有现金流贴现、PE 或 EBITDA 倍率等技术方法，但许多时候是靠双方的感觉。上市定价也是一样，共赢、长期、稳定发展才是根本。

关于泡沫，许多人也是批评、诟病较多。实际上，聪明人借助泡沫可以做好多事情，比如融资、网罗人才、免费吸引眼球和关注等等。

泡沫的时候，融资一定作价不低，再精明的投资人也很难抵御泡沫带来的冲动和疯狂。他们离股市更近，更容易受到股市起伏的影响。泡沫中能否拿到钱，可能决定了企业的生或死；泡沫中也必然得到高估值，创业者是不会吃亏的。

像互联网泡沫，曾吸引很多人投身互联网事业，有些从外企出来（像建章和南鹏），有些从国企高位下海（像范敏），没有泡沫的"煽惑"能行么？我看比较悬。

不管是互联网泡沫还是房地产泡沫，都是大众和媒体关注的重点。借此推广自己，增加知名度和曝光率，何乐而不为呢？携程网在互联网泡沫中虽然不及门户网站出风头，但也风光不小，是媒体关注的焦点之一。

如前文提及，携程的创业中，我们始终坚持任何商业机构都要挣钱，因此苦苦寻求盈利点，从卖门票到卖旅游团，再到酒店订房。我们在 1999 年就有了自己的 800 预订电话；2000 年确立了绕开支付与配送的酒店预订模型；2002 年就实现了盈利。

待到互联网泡沫渐渐过去，资本市场开始回暖的时候，携程第一个冲出去，2003 年 12 月在纳斯达克上市，今天的市值将近六十亿美金。

第二程：如家

携程最后一轮融资正好处于互联网泡沫破灭的时期，我们唯恐现金储备不够，融的钱比较多。因此，公司盈利后还有很多现金剩余。公司决定寻找新的投资方向，让剩余的现金发挥最大的作用——这些现金的成本非常昂贵，都是通过稀释我们创始股东的股份得来的。

当时，携程的订房量已有几万间了，我们对中国各档次酒店的销售状况比较了解。有许多客户反映携程上便宜的酒店很少；在酒店方，卖得最好的一家经济型酒店——新亚之星，不像其他酒店无限量供应客房，每天只能让我们预订几间。从供求关系来看，经济型酒店是一个市场的空白点。因此，公司决定开始投资经济型酒店的尝试，派我为代表进行探索。这也就是当初如家的由来。

一开始的商业模型是西方酒店联盟的模式，利用携程主推的诱惑，发展三星级酒店挂牌如家，硬件不统一，服务标准不统一，定价体系也不统一，但坚持品牌是一样的。由于业主不同，实际上许多酒店挂两块牌子。这样的盈利模型收入很少，品牌特征不明显。

在融资方面也不顺利。记得我和南鹏在北京走访了好几家风险投资公司，都是无果而终。大家对这种小型旅馆的模型不感兴趣，大多数投资者一时半会儿也不可能看清酒店业的情况。

记得在 IDG 一次投资企业的内部聚会上，我们提出建议，希望投资者不要老盯在 IT 等高技术企业上，而应该在传统领域做些尝试。当时，IDG 应该是将信将疑，抱着试试看的心态，又一次成为我们的第一轮投资者。他们投资我们，最关键的原因应该还是看重我们这批人——携程的这个团队，已经经历了一些风雨，感觉还是可以成事的。

因此，要指望多数 VC、PE 投资者比创业者本人更了解一个行业，几乎是不太可能的，尤其是一些新行业和创新、变革中的老行业。尽管现在许多投资公司都养了大批分析师之类的人才，但这些人从学校出来没几年，让他们短时间内参透一个行业是不现实的。那么，最好的方法要么是找到这个行业最顶尖、最优秀的人才来帮助甄别、判断，要么就是看创业团队是否能够成事，是否有独特的竞争优势，值得投资。

在接触了国内几家主要的经济型酒店玩家以后，我们非常幸运地得到和首旅合作的机会。虽然当时也有好多人对和国企的合作不乐观，但最后的结果却出乎大多数人的意料。

究其原因，一是首旅的最高决策层，不计较眼前的小得失，而着眼于品牌投资和价值投资，对我们合资公司的管理层也充分信任，完全是市场化的机制。至今，我仍然感谢和钦佩他们宽广的胸襟和远大的视野。

二是和首旅的合作为我们争取了时间。当时我说，我们的发展进程至少比我们自己从零开始，提前了一到两年。今天看来，这一到两年是多么重要啊！甚至可以说是性命攸关的因素。要是晚两年，莫泰、七天等连锁酒店品牌迅速崛起，如家的先发优势可能就丧失殆尽了。

通过首旅的四家"建国客栈"，我更加坚定了直营发展的模式，坚决摒弃了原来的联盟模式，这也是如家能够快速发展、快速盈利的关键。

在如家，我带去了许多 IT 和互联网企业的风格，其中有许多是跟我的创业伙伴学习得来的。

比如，在传统行业引入风险投资。现在好像没有什么稀奇，但那个年代风险投资大多数学习硅谷模式，关心技术，尤其是IT 技术，很少投资酒店这种传统的行业。我们一开始就设计好，经过若干轮融资，最终上市，达到我们当初将多余现金利益最大化的目的。

我还将互联网行业"快鱼吃慢鱼"的提法带到酒店业，倡导速度和效率，而不是按部就班，遵循常规发展的传统思路。同时，引入许多现代管理工具和手段，包括 ERP 系统、基于平衡计分卡的绩效考核等等。

这样的做法打破了酒店业的常规，开创了中国酒店业的一个新时代。

但是，天不遂人意，创业不久，2003 年"非典"开始了，恐惧笼罩着神州大地，也影响了一部分投资人。董事会决定停止新项目、裁人、减费用，这对我们整个团队是一个非常大的打击。我也经历了创业以来最大的一次考验和撞击。正所谓"内忧外患"：内部由于不能完全认同部分董事的意见，许多创业元老纷纷离开；外部是不知道"非典"将多大程度上影响到酒店的生意。

我认为，那时候投资人和我都是对的。这样的危机从来没有遇见过，没人有经验。太冒险了，公司就完蛋，无异于赌博。投资人考虑的是控制风险，我看到的是机会，可能考虑得相对长远一些。但这样的摩擦，还是为后面的分手埋下了伏笔。

2004年年底，离我们上市的目标越来越接近。董事会决定寻找职业经理人进入公司。大家看到孙坚的时候，都觉得是个不错的人选。为人谦和、友善，沟通能力强，有连锁经验。公司过了草莽创业的阶段，大家认为由职业经理人来领导更为合适。当时也有人建议我继续留在公司，可以有个平缓的过渡。但由于前期大家的分歧，使我感觉缺乏尊重和信任，我还是选择了离开。

因此离开如家可以说成是：我离开如家，或者是如家挤走了她的创始人。

应该讲，孙坚做得还是相当地不错。在管理上，延续得很好，过渡比较平缓；在原来基础之上又上了一个台阶。我离开后的第二年（2006年）10月，如家成功地在纳斯达克上市，现在市值在十四亿美元左右。

第三程：汉庭

离开如家后，我并没有想去做一个和如家竞争的东西。当时的想法是进行中档酒店的尝试，类似于早期雅高的诺富特（Novotel）和万豪的万怡（Courtyard），现在汉庭的"全季"和如家的"和颐"也是属于这一档。同时，我还对商业地产感兴趣，在上海参与了几个创意园区的投资，还购买了若干物业，想做如家加盟店。

现在看来，这些想法都非常超前。当时的情况也确实如此，中档酒店过于超前，进入饱和运营的时间长，而最要命的是，适合开这类酒店的城市和地段不多，这样也就很难规模化。第一个加盟如家的物业，运转也不顺畅，我也就断了购买物业加盟的想法。再说自己这点资金，购买物业还不够充裕，人的优势没有得到充分运用，杠杆放大效应也不强。

我苦撑了两年，在2007年杀了个回马枪，回到了经济型酒店的市场中来。

这也要归功于我的一个朋友吴炯。他问我，中国未来可以容得下几家大型经济型酒店连锁？我说四到五家是至少的。他又问，中国有人比你更熟悉经济型酒店行业吗？我不敢说是唯我一个，但我也是其中之一吧。因此决心回到这个行业也是情理之中的事。

重新做回经济型酒店，轻车熟路，省去了弯路，直奔主旨。新起点，新高度：我们的产品更好，选址更加方便主要客户，团队更加强大和互补，股权结构的设计更加稳定，愿景和目标更加高远，公司发展的速度也是同行中最快的。

在产品设计上，不再用比较卡通和张扬的彩色色块，而改为较为沉静平和的温馨风格；采用时尚简约的专利卫生间；光纤接入、双网口、无线覆盖公共区域的升级互联网服务；房卡、会员卡、梯禁门禁的一卡通；不用退房的"无停留离店"；有利于颈椎的荞麦枕头；有格调的印象派油画……和已有的经济型产品相比，汉庭快捷俨然是老版经济型酒店的"升级版"。

在选址上也和其他品牌错开。他们主要是扩大网络覆盖，我们却是要进入中心城市的中心位置，而且以长三角为主，逐步向渤海湾和珠三角发展。这样在一开始就将最主要的经济发达地区连成子网络，对商务客人来说比较方便。

在追赶已经强大起来的竞争对手的过程中，我们提出，RevPAR（每间可销售客房收入）比他们高10%，营建成本一致，但经营成本比他们低10%的竞争策略。经过几年的努力，我们的这个策略使我们逐步赶超了对手，成为行业精益管理的佼佼者。

汉庭的初创也是非常幸运，除了一开始和我一起创业的金辉、海军、成军等人，2007年加入汉庭的张拓、张敏也非常优秀。我曾经说，汉庭这个团队完全可以和我们携程当初的团队相媲美。

在股权结构上，我们确保创始团队的股份较大，上市后还有超过 50% 的比例。股权过于分散，不利于公司长远的规划，会倾向于近期和短期利益考虑。经过这几年的创业打拼，我感觉酒店行业的企业有一个大股东会发展得更好、更稳定一点。柳传志曾经也说过，公司要有主人。

汉庭创立初期，不再将上市作为目标，而是将上市看成是实现目标的手段。汉庭的愿景是成为世界领先的酒店集团。我曾用一句话表达此次创业的理想：一群志同道合的朋友，一起快乐地成就一番伟大的事业。

在融资上也比较幸运，投资我们的大多数是熟悉的朋友，大家比较了解。尤其是 IDG，周权在海南说过一句开玩笑的话："季琦，你下一个创业公司我们一定投，你卖狗屎我们也投。"这句话是激励也是鞭策，让我感动良久。

也许老天偏偏要考验我们，创业不久就碰到金融危机，实际业务影响不大，但资本市场一片萧条。碰到这样的事情已经不是第一次，我始终认为危机的时候是"买东西"（投资）的好机会，因为价格便宜。不管是"非典"时期的物业，还是金融危机时候的企业，价格都是最低的。在这次金融危机期间，我也做了这辈子最大的一笔投资——投资汉庭，我本人追加了许多投资，跟投资人一起投资汉庭。这既是我对汉庭的承诺和信心，也是一次很明智的投资。

利用危机，汉庭抓紧练内功，抓成本控制、员工培训、IT系统建设……危机过后，汉庭是最早走出危机的企业之一。2010年 3 月，汉庭顺利在纳斯达克上市，目前市值超过十亿美金。

第一家汉庭的故事

第一家汉庭，开在昆山。

那是在 2005 年，昆山火车站旁边的物业刚好在招商。我们通过朋友关系把它拿了下来。

那时候还没有高铁，昆山的火车站非常非常小，物业过马路就是火车站。整个楼是 L 形的，面积大概是一万两千平方左右。我们把一楼都出租，其中一间租给豪享来牛排，拐角最好的位置租给了中国联通做营业厅，回收了大概三分之一的租金。一楼也给我们自己的大堂留了一部分。二楼是餐厅，再往上就是客房。当时租金便宜，客房面积都很大，很舒服。

我们请来上海很有名的全筑建筑装饰公司做设计和施工，但后来闹得不开心，因为我修改了他们的很多设计。对方说，他们的设计从来没有这样被改过。

在设计过程中，设计师计划使用很多大理石，但我觉得不需要，一是贵；二是施工、维护都麻烦；三是有辐射问题。我说我用不起，不要这些。台面为什么要大理石呢？干净、漂亮就可以了。然后他们一定要用实木家具，这也被我否决了。现在这一点已经没有任何可以争论的地方，但当时对方还不清楚我们的想法。

后来我想，是不是因为我当时已经做了两个上市公司，对方大概会想，"你们公司是不是很有钱啊"，然后摆出了一个很厉害的"谱"给我们。

昆山在当时是三线、四线城市，我的想法是，如果汉庭在昆山没成功，也不奇怪，那个地方当时没有特别大的旅游和商务的人流。昆山不成功，搬到上海可能就能成功了。但是一旦昆山成功了，那我就能放之四海而皆准。

当时做出这个选择，我算是胆子很大的。我对酒店的理解特别自信。我是一个IT人，来到酒店行业，第一感觉就是——我们IT人来打破常规的空间实在是太大了。

行当里流行的管理模式，是师父带徒弟，进了行业就慢慢混，混到像我这么大年纪了，兴许能当个副总、当个老总。无论什么时候，人们都喜欢论资排辈，甚至做五星级酒店的就自认比做三星级的高级。这在我看来是很不合理的。

当时的从业者，也不会去利用风险投资，更不太会用计算机技术去管理。客房里，电话是免费的，无线上网却是要收费的。那个年代，用客房电话的人一般都是些支付能力很弱的人，大部分人打电话一般使用手机。我想，我要倒一倒，在汉庭，无线上网全部免费。

传统的酒店行业充斥着虚荣，充斥着官僚主义。在我看来，IT行业没有这些。IT行业，从外表上看，就是T恤衫，短平头。谁有本事谁上，你搞不定我来，整个行业不断地被年轻人突破，年纪大的人甚至不断贬值。

这种平等的价值观、先进的管理理念和技术正是传统酒店业缺少的。我做酒店，就是一个外行人把传统行业解剖、解构，再重构的过程。对解构和重构的过程，我特别有自信。我认为基本上没有什么事情能够在我的意料之外。

昆山的这第一家门店开业后非常成功。我信心满满，陆续在苏州开分店，再回到上海。截至2017年底，汉庭在全国已经开了2244家门店。

三家企业的共同点

综合起来看，携程、如家、汉庭这三家企业有许多共同点。

第一，实际商业模型和最初融资的时候不完全一样。

携程从网上旅行社到订房中心，如家从酒店联盟到经济型直营，汉庭从中档有限服务到经济型酒店。

关键是创业团队的变通能力，不断摸索和创新。如果守在当初不现实的理想模型里，这些初创的企业可能都会夭折在摇篮中。当理想的模型在实践中经受检验的时候，我们要能够敏锐地找到一条现实可行的道路，然后不断坚持，扩大战果，才能成就大业。

另外，投资者的信任非常重要，要能够给你时间和空间来试错和挪腾。因此找投资时要选择了解中国市场的基金和团队。

第二，基本每个企业都在三年左右成型。

携程从 1999 年到 2002 年，如家从 2003 年到 2005 年，汉庭从 2007 年到 2010 年。

就像生长发育一样，三年之中，这个企业的商业模型、团队、框架、性格、特质、文化等基础都长好了，后面就是进一步的生长。中国创业企业，三年是一个坎儿，三年内能够达到一定程度，将来的希望就比较大。这是因为中国的创业企业成长速度比较快，仿效、跟进者众多，如果没能在三年左右的时间脱颖而出，就容易混杂在一堆同质的企业里，平庸下去。

第三，都经历过一次重大考验。

携程经历的是互联网泡沫，如家是"非典"，汉庭碰上金融危机。

因为碰到危机，内部为了应对它调动出各方积极因素，将自己最优秀的部分调动出来，将自己的潜力逼到最大。危机成为我们成长的动力。就像高尔基的《海燕》里所说，让暴风雨来得更猛烈些吧！同时，危机也消灭或削弱了许多同行和竞争者，使得具备优秀基因的企业在危机过后更加容易生长。危机是对投机与否的检验，认真执着的企业才能经历风雨而更加强大，而不是被泡沫淹没，或者被暴风雨摧毁。

第四，都是企业家精神和专业管理者的完美结合。

携程由我开局，建章奠定扎实基础，范敏发扬光大，南鹏在融资、法律等方面绝对专业和优秀；如家是我奠定基础，孙坚顺利接棒；汉庭也是我开局，张拓、张敏加入和我一起奠定基础，稳步到达今天的状态。

第五，都是传统行业再造。

携程是传统旅行代理升级为现代旅行服务公司。如家和汉庭都是传统酒店业升级成现代酒店连锁。这些也都是我经常宣扬的"中国服务"的代表案例。

我的管理经验和教训

我一直认为自己是个没有受过正规管理教育的管理者。我没有上过 MBA，没在哈佛读过书，也没有在大企业里做过。大学毕业后，我在一个国企工作了大概两年不到就辞职了。我是一个无拘无束、思维很开放的人。我曾经想，我这人可能管理不好一个大公司。

所以，当华住有了一定规模之后，我就开始寻找外面的管理者。当时理想的人选，最好就是像我们现在的 CEO 张敏这样，哈佛毕业，学管理的，有外资企业的工作经验。所以当时我"按住"所有华住的内部元老，而把外面的人请过来当 CEO。后来发现，这是我犯的蛮大的一个错误。

请来 CEO，我想，这公司应该没什么事儿了，我就跟朋友们游山玩水去了。他呢，就看着股价、看着预算来运营这个企业。时间一长，企业缺乏活力，暮气沉沉。有的管理者有技巧，但是他们缺乏对这个企业长远的规划和理解，缺乏背后的人文精神。后来，我只能重新回到 CEO 位置上，坚决改正我自己犯下的错误。那段时间非常辛苦，是以牺牲自己的身体健康为代价的。

实际上，像华住这样的企业是两种人都需要的。一种是像我这样的企业家、创造者、搅局者——一个领导者。我本身是个很感性的人，带一点艺术气质，是非常随性的那种领导者。第二种，是专业的管理者，像张敏就是非常好的一个例子。她受过正规的训练，有大企业的管理经验，人极其聪明，也热爱这个企业，有情感在里面。

这样，她就和我在情感和理想这两个层面，找到了共通点。在技能上面，她有非常好的训练，我们彼此之间就形成了一个非常好的互补。但如果像原先那样，我把事情全部交给管理型的人，这个企业不足以也没有办法去迎接挑战，会被时代很快地淘汰。

小邻居和大邻居

做酒店这么多年，我参与了大部分项目的选址和后期的改造设计。重要的项目，我都会亲自去现场看。

最近我们正在改造上海延安路的一个物业，打算做一家全季4.0。那里位置很好，原先是个老牌自助餐厅——金钱豹，估计老上海人都知道。但是里面的结构一塌糊涂，特别复杂。内部结构复杂，顶上还有三个球体，这种项目必须得自己去看，否则找不到感觉。

记得北京奥运会前夕，我们拿下了东直门的一个物业，打算在那里开一个汉庭的门店。那个项目非常重要，是我们在长安街上唯一拿到的物业，总面积大概七八千平，租金特别高，大概是五块钱一平，当时是天价了。业主说有个竞争对手，马上就要签约了。这么贵的租金做这个项目，大家都吃不准。我得过去看一下。

有一天晚上，我直接飞到北京，凌晨到达工地现场，打开手机灯看，看完后直接去机场飞回上海。在现场，我就开始排房。那个地方，房间只能排得特别小，否则根本做不了。

长安街那个地方，连外资的酒店都很少，汉庭开业后，一炮打响。

看酒店项目，第一，要看周边环境；第二，在楼里转一圈，看看结构；第三，上楼顶看。

看周边环境，是看这个项目未来所在片区的档次。看大楼结构，涉及改造、排房。我最喜欢大平层，但很多楼不是这样，里面有很多隔断，这个时候就需要做几何题。在楼顶，就是看大环境。我们在新加坡有个项目，我和设计师周光明两个人爬到12楼去看。这时候，你才能看清楚车子的路线、周边大的区域环境。在楼底，你看的是"小邻居"，在楼顶，你能看的是"大邻居"。

很多时候，你能让合作方回报好一点，是因为你的品牌强，或者设计好，但如果你的做事风格太粗犷，你就没有机会成功。

我的至暗时刻

在我的人生道路上，也曾有过如"至暗时刻"一般的危机。

第一次是在我大学二年级的时候。我以前家里条件不好，到了上海上学，每天饭也吃不饱，晚上还得去自修，学习很辛苦。我觉得自己是个行尸走肉。所有的行程都是由外界安排好的。上课、吃饭、自修、睡觉，做这些事情，没有我的自由意志在。我就想，我到底在干什么？我凭什么过着这样的生活？可是我找不到理由。

当时的我，跟周边的环境也很难相融，也找不到自我。那大概是我第一次思考人生的意义，思考"人为什么会活着"这样的问题。

也是带着这些困惑，我阅读了大量哲学、文学书籍。现在看来，苦难会让一个人追求灵性上的东西。宗教也是这样，很多人都是在经历了苦难之后，去宗教中寻找安慰。大学时期最终思考的结果，是人生无所谓"意义"：本体无法界定自身的意义，人生只有过程，只有经历；对本体而言，无所谓意义。这个思考的结果，让我觉得释然。

我的第二次危机，是在如家经历的。

2004 年底，董事会寻找职业经理人进入如家，而作为如家创始人的我，离开了。当时一个董事说我是草根出身，管不好公司，公司现在要找职业经理人，需要受过西方教育的人。

这是令我特别伤心的一个危机，我当时甚至想：人活着有什么意思呢？过去的伙伴、朋友，都在那个时刻离我而去，这让我觉得找不到存在的意义。许多原来和我最紧密的人，都离开了，对我来说就像是对人生的一个彻底否定。那时候我不知道该和谁沟通，也不知道要做什么。

所有的梦想都被一个很野蛮的东西破坏了，毫无道理，而我没有回天之力。那个时候真的蛮黑暗的。这种黑暗我至今都不愿多谈。

这一次，是莫扎特救了我。

当时我住在一个普通的居民区里。有天晚上，我一个人出来散步，看着月亮从乌云里爬出来。我喜欢看电影，经常在一个安徽老板那里买碟。那天晚上遇到他，他说，老季，这个 CD 好听，刚到，你拿去。我说，我从来不买 CD，我就买 DVD。他说，老季，你不喜欢可以还我，你拿去听听。那套 CD 是莫扎特精选集。

那套 CD 帮了我的忙。当我听到莫扎特第三十一号交响曲时，我觉得太美了。这种美让我觉得人世间还值得。

莫扎特的美，就在于和谐和执中，有一种奇妙的平衡感。他让我感受到，这个世界这么丰富、这么纯净、这么优雅。那是一种完全不同的精神层面的东西，一下子让我从黑暗中走出来。

那时，我实际上还没有离开如家，但已经知道要走。我下定决心还要再做一个公司，并且超越过往。

第三次危机，是做汉庭期间。汉庭早期的投资人，都是我的朋友。金融危机爆发时，汉庭刚好到了第二轮融资的时候。我一个很好的朋友，请我到兴国宾馆吃早饭。他说，老季，我们的基金这个时候不能再投了。

这对我来说是晴天霹雳。原本投资协议已经签完，没有什么意外的话，投资是可以顺利进行的。当然他有权利不投，但这对我打击很大。

我容易把情感和生意混一块儿。紧要关头，当一个好朋友说"不好意思兄弟，这个事投不了"，我真的挺绝望的。

我如果是个纯粹的生意人，大概不会有太多内心的疼痛感，你不投，没关系，我赶紧找下一个。但那时我根本没有任何想法，脑子里一片空白，甚至连发怒或者责备他的心情都没有。

后来，我决定把自己在如家的股票卖了，自己追加对汉庭的投资。

日常的投资决策，对我来说特别简单，没有什么纠结的地方，但是当情感和商业混合在一起，我就特别容易受伤害。不是因为对方不投了，而是因为我有对对方的信任，有对朋友的期待。在我看来，对朋友就应该两肋插刀。

每个人都有类似的"至暗时刻"，但我从黑暗中带来了光明。

"黑夜给了我黑色的眼睛，我却用它来寻找光明"。这些没有将我击倒的"至暗时刻"，促使我不断思考、进步，最终成为我成功的动力。

中国服务

在中国，很多高科技基本是对欧美技术的应用，原创型的比较少，也相对艰难。这和中国科技投入太少相关，也和相关人才的缺乏有关，更和整个社会更注重短期回报、快速收益有关。

所以中国式的创新更多是继承式的创新：借鉴欧美发达国家的商业模式，结合中国的具体情况，进行改造和应用。人类的物质、精神需求总是从低级到高级，从简单到复杂。欧美的服务业先于我们的发展，已经经过了客户的选择。中国的服务业也大体会遵循他们的发展轨迹。因此，在服务行业，继承欧美的成熟商业模型特别有价值；研究他们成长的轨迹和成败的原因，对于我们这些后来者也非常有益。

在中国，过去的成功模式无非以下两种：

一是低成本的"中国制造"；二是对传统服务业的改造，将其升级为先进服务业，其中电子商务、先进管理、市场化机制都是升级的常用手段。

"中国制造"以低成本为最主要特点，在质量上"good enough"（够用就好），从勉强能用的一次性野餐用具，到精美的苹果电脑代工产品，符合使用者的要求，一分不多，一分不少。谈不上德国制造的隽永和耐久，也不同于日本制造的精巧和紧凑。

"中国制造"在过往造就了一批富裕的工厂主，给政府解决了部分就业问题，创造了大量税收和外汇收入。这些制造企业综合低廉的土地、厂房、能源、环境、税收和人力成本，海量出口，换回了巨额外汇。"中国制造"在遍及全球的同时，也带来了巨额贸易顺差、环境污染和大批生存状态堪忧的流水线民工。这些农民工的收入都很低，长期在单调、枯燥的流水线上工作，几乎成了机器的一部分。富士康的十几跳只是这些绝望的农民工的一个代表和缩影。

但"中国制造"已经到了其成长曲线的拐点，各种弊病暴露无遗。在当下的消费升级和审美重建的趋势下，部分企业维持现状，部分企业已经开始转变形态，提高设计和科技成分，增加附加值。

当下的变革将会深刻地影响下一个三十年。如果说，过去的三十年，中国经济的发展引擎主要靠制造业，未来三十年，"中国服务"将会取代"中国制造"，成为中国经济的主要增长引擎。未来创业、投资、致富的机会，大多会在服务业。十三亿中一半左右的中国人收入逐步提高的时候，为这些人提供衣、食、住、行、娱乐等增值服务，将会是未来中国服务业的主要构成。

在先进服务业，中国企业可以借助本土市场规模的优势，获取包括国际资本在内的投资。可以预见，风险投资、私募基金将会越来越集中到这些领域。先进服务类企业在美国，以及中国大陆、香港地区资本市场上的 IPO 也会越来越多。

在与国际同行竞争时，我们可以借助地利，利用对本土消费者的理解，抵御国际竞争者在品牌、资金等方面的先发优势。

　　在服务和产品内容方面，做好对中国传统文化艺术的重新领悟与运用，融合现代的艺术审美与生活要素，也必然是我们的竞争力的重要部分。

中国梦

所谓美国梦（American Dream）是一种理想：在美国，只要努力不懈地奋斗，便能获致更好的生活，亦即人们必须通过自己的勤奋工作、勇气、创意和决心获得成功，而不是依赖特定的社会阶层和其他人的帮助。通常这代表了人们在财富上的成功或取决于企业家的精神。

处于高速发展期的中国，也给了大众做"中国梦"的机会，尤其是当下的中国，特别适合创业、投资、致富。

究其原因，一是因为许多产业，尤其是服务业，长期被禁锢在体制内和政策内，没有得到充分的发展，而且跟不上市场的需求。现在等于是开天辟地，产业整合和发展的潜力巨大。

二是经济的长期高速发展，带动了强劲的需求，而需求推动着市场，推动着企业。制造行业是供过于求，服务行业却是需求远远得不到满足。就像汉庭这样的经济型酒店，开一家，满一家。

三是政府的鼓励和推动。中央政府实行重商主义的政策，地方政府在招商上更是不遗余力，在税收、土地、资金等方面给予支持。

四是资本市场推波助澜。一个个 VC、PE、IPO 的财富故事，是"让一部分人先富起来"的生动样板，让大家心里痒痒的。

五是庞大的人口基数，造就了全球最大的消费市场。而最大的消费市场，将会孕育全球最大规模的企业。

中国移动、工商银行、腾讯、淘宝等已经是全球同行内最大规模的企业，这样的情形将会在许多服务领域出现：电子商务、游戏、旅行预订、服装、餐饮……当然也包括酒店行业。

我粗略地计算过，未来中国酒店业龙头企业的规模应该可以达到上万家，其中以经济型酒店为主。这样的规模，在未来那个年代，也将是全球第一。

至于中国服务企业如何走向国外，未必是自己到国外去开店、去发展，而可以通过购并的方式进行。中国的高成长，一定会在资本市场上通过高 PE 体现出来，加上世界级的企业规模、人民币的不断升值，中国企业未来购并欧美发达国家的企业会变得越来越轻松，实现的可能性将越来越大，成功的案例也会越来越多。

我的创业小结

从 1999 年到 2010 年，差不多十年的时间里，我创立和参与创立了三个企业，在其中我都担任了首任 CEO，并为之组建核心团队、确立主要商业模型，它们最终都在纳斯达克上市，目前市值也都超过十亿美元。这样的事情不多见，应该说也是做到一个世界第一了。

很多人问我，到底有什么奥秘，能够让我这么幸运、这么顺利。仔细想想，不是因为我特别聪明，特别能干，更不是因为我是什么天才。

首先，我们必须感谢身处的这个稳定的时代，感谢我们的祖国。这是真话，不是套话、空话。没有改革开放，哪会有今天的市场经济，哪会有我们这些企业的繁荣昌盛？国家的稳定、政策的开明，是企业赖以生存和发展的基础。

其次，VC、PE、资本市场的支持，是我们这些创业企业能够快速、超常规发展的助推剂。虽然他们也是抱着赚钱（有时候是想赚大钱）的想法来的，但在客观上帮助了我们这些创业者。在我们没钱的时候，给我们钱；在我们担心风险的时候，和我们分担风险；在企业还没有盈利的时候，提供资金让我们实现跨越式发展；在企业具备一定条件以后，在市场上放大我们的资产，让许多人实现财富的梦想。可以说，没有这些投资者，我在十年间做成三家企业是不可能的。

另外一个重要的原因是团队。我参与的这三个企业的创业团队和经营团队都是一流的。我属于典型的企业家类型，但不是一个全能型的人，更不是一个完人，缺点和优点一样突出。如果没有这些伙伴们的互补和接力，不会有今天大家看到的三家优秀企业。没有他们，我自己做不了，我没有这个能耐，即使有点小能耐，也没有这个精力。

还有就是专一。在几次危机中，为什么我们总能逢凶化吉？我想主要是我们不投机，不是哪儿赚钱往哪儿跑。更不搞多元化，而是专注于自己的领域和细分市场。利用潮流，而不为之所左右，注重商业的本质。在汉庭刚刚开始的时候，有一家房地产公司改制缺资金，只要五千万就能拿到50%的股份，几年后大概可以赚到几个亿。我们当时看清楚了这个机会，但还是拒绝了朋友的邀请，专注于自己的酒店事业。做自己擅长的事，赚自己能赚的钱。

如果一定要总结出几个我个人的特点出来，我想应该是这些特质促使我永不停步：敢于冒险、勇于牺牲、富含激情、良好的商业直觉、开阔的心胸、执着和坚持、不断学习和反省。其中，学习能力是至关重要的。我从竞争对手、创业伙伴以及挫折和失败中一直获益最多。

创业带给我的收获

一般人以为，我十年创办了三家十亿美元级的上市企业，收获最多的应该是金钱和名声。我不会矫情地说，我视金钱和虚名如粪土。金钱确实让我们实现了财富上的自由，从此不必为了生计而奔波，让我们可以更加自由地去选择。

但我最大的收获却不在于此。

做携程，我实现了原先的财富梦想，没有了生活的压力，心态变得从容和淡定。

做如家，我经历了太多的事情：忠诚、背叛、信任危机、欺诈和阴谋，甚至爱恨情仇，但这些锻炼了我，让我的心胸更加开阔，让我学会了宽容和容忍。

做汉庭，让我看清了自己这一辈子的使命，知道我这辈子要什么。在前面两个企业，我还没到这种境界，当时内心里充斥的都是欲望：金钱的欲望，名气的欲望，个人成就的欲望。所谓"去人欲，存天理"，讲得很有道理。你内心的欲望平息下来，就能够更加明了生命的本质和意义。

有一次，我和雅高的创始人杜布吕（Paul Dubrule）在北京后海边谈论人生。我问他，你一生如此辉煌，有什么遗憾的地方吗？他回答说，一是觉得在从政上花的时间太多（他曾经是法国参议员，还担任过枫丹白露市长）；二是事业上很成功，但在家庭上有些遗憾。

当时我想，假如我也是一个七十多岁的老头，坐在后海边，有位后生问我同样的问题，如果我也这么回答，我这一生是挺悲哀的。我觉得自己不该这么过。既然前辈告诉我他这一路上的遗憾，那么今年四十四岁的我，是不是能够做得更好一些呢？

现在我的人生目标非常清晰：

第一，是要和伙伴们一起，把汉庭做成全球最大也是最好的酒店集团。也就是要实现"一群志同道合的朋友，一起快乐地成就一番伟大的事业"的理想。

第二，是要过我自己想过的生活，不以物喜，不为名累。真正过好自己的一生更重要。我要珍惜上天给我的生命，我要把这一生过得非常有意思。当我七十多岁时，如果有年轻后生问我同样的问题，我会跟他平淡从容地说我过了我想过的一生。这是通过三个创业企业，尤其是汉庭，我学到和悟到的道理。

随着年龄的增加、事业的发展，我的心态、人生观、价值观也随之在改变。我变得从容、淡泊、宽容和利他。也许跟年轻时相比，少了些冲劲儿，但多了些成熟和睿智。

这才是我十年创业最有收获、最有价值的地方。随着我们的成长，我们在向善，在变得单纯和简单。

二、做好一个企业

做企业要有扎实的内功，要紧紧契合市场，更要柔韧和富有弹性。如此，我们才可以在风浪里起舞，才可以乘风而长。

企业的理想和初心

把自己的企业做大做强，是创业者共同的理想。但是怎样才能实现这个理想呢？

我觉得，做大首先是要想得大，think big。如果你想得不大，是不可能做大的。

有人会说，我想得大就能做大了吗？有几个有趣的例子。大家都听过这句话："人有多大胆，地有多大产。"现在大家更多地认为这句话代表那个时期理想主义的膨胀，违反了自然规律。我倒觉得这句话里面蕴含了蛮多的真理。这句话的意思是说，你的理想够高，你才能飞得够远。只想着在屋子里飞，怎么可能去天空中翱翔？

另一句话叫："理想总是要有的，万一实现了呢？"我认为这句话真的很有道理，倘若没有理想、志向，没有可能做得很大，更没有可能成功。

中国有一位很有名的儒家学者，叫王阳明，他说过一句话："心外无物。"这句话的意思是，你能想到、能感觉到的就是客观存在的这个世界，心没有感觉到的事情就不存在。这套思想对应的是西方的唯心主义学说。

很多人，尤其年轻的时候，会认为这些东西不科学，认为这些思想、想法虚无缥缈，跟现实没什么关系。但我这几年的实践都跟这个想法有关。在做华住的过程中，我有过不少"心想事成"的经验。

成立之初，我们提了个口号，要成为未来中国酒店业的领导品牌，成为中国人出行的首选。当时我这么讲的时候，市场上已经有如家、锦江、7天，还有若干个品牌在我们前面。我的很多员工都不相信，觉得实现这个目标的可能性不大，只想着未来能赚点钱就不错了。

当我们到了一定的规模和体量时，我又提出华住要成为世界第一，好多人也不相信。世界第一的规模是我们的十倍，市值是几十倍。有这个可能性吗？目前我们的规模在全世界酒店集团中排第九，但市值已经排到第四。如果未来没有结构性的、大的变化，华住未来在全球酒店业做到前三，是没有什么悬念的。但它有没有可能成为第一呢？说不准，我现在心里没底，但是我有一种强烈的愿望和坚定的信心，我要带领我的团队通过各种方法成为世界第一。我的心力，加上华住几万名员工的心力，也许就是我们勇争第一的决胜力量。

还有一个例子。在上海，华住的办公室和我家之间有一条马路叫吴中路。可能全中国、全上海没有一条路，像它一样有这么密集的华住的酒店。有时候走在路上，我看到一家酒店，心里想这家酒店不错，什么时候把它拿下来作为我们的酒店。结果，鬼使神差，那些酒店最后真的挂上了我们的牌子。我不知道具体过程，因为我自己没有去公关，没有去找人。

当你足够虔诚、意愿足够强的时候，想法实现的概率会增加很多。想不大，根本没有机会做大。想得大，理想高远，才有可能实现它。只有大想法、大格局、大思路，才有可能构建你的大架构。有了大的架构，企业才有可能做大。

如果说你的目标是开个馄饨摊子，每天晚上赚个万把块钱，那它最后变成像麦当劳、肯德基这样规模的可能性微乎其微。如果想变成那样的规模，你要多次调整你的想法，且即使调整也不一定能做得那么大。很多大的企业是从小的生意做起来的，但如果一开始你在中国这个市场上没有一个大的构思、大的想法，你很难把这个企业迅速地做大。

在做大做强之前，我们需要思考一个更为根本的问题：为什么我们要做大做强？

很多人做大做强是为了挣钱，成为富翁；或者为了出名；或者为了面子，为了美女，为了权力。

在经历了一次创业后，我深刻地认识到：把企业做大和做强，比怎么做大做强更重要。一穷二白的时候，刚开始创业的时候，许多创业者是为了挣钱，成为富翁；为了出名、面子，满足虚荣心；甚至是出于对权力感的追逐。这很正常，是人性。但对今天的我来说，做企业，应该给这个世界带来美好，如果不带来美好，做大做强没有任何意义。当我们百年之后，没有人会因为你腰缠万贯而记得你。但是，如果你创造了某种东西——比如写了本小说叫"红楼梦"；比如创立了某个学派，如孔子老子；比如统一了中国，如秦始皇——那你会被人记住。当你创造了某种价值，而这种价值给他人、给国家、给这个世界乃至这个宇宙带来美好，那你会被人记住。这才是我们做大做强唯一的原因。

有些人去开矿，粗暴地挖掘；或者开印染厂、洗衣店，把污水直排到大河里去——他是挣钱了，也创造了某种价值，但对环境、对老百姓、对子孙后代造成的伤害远远大于他创造的那点小小价值。

我一直说我做酒店的理想，是让大家出行的时候能够安心。过去人们出行，很多旅馆大家都不太放心，觉得脏，担心房间没消过毒，枕头没晒过，被单没洗过，还怕被宰——本来两百块钱的房间要卖一千块钱。我要做的，就是让大家出行的时候不用去担心这一切。

华住酒店，还解决了好多人的就业问题。华住大概有五六万名员工，在我们这儿工作，他们能够养家糊口，给孩子上学，过年过节能给公公婆婆、爸爸妈妈买点东西。我用这样的发心在做这些，觉得自己是在创造价值，这也让我觉得从事的事业超越了我本人的局限。

这是我对一个企业做大做强的理解。一定要让你的周围，因为你这个企业的存在，因为你这个人的存在，变得更加美好。反之，做大做强没有意义，反而还会祸害这个世界。一个恶魔做大做强，只会变本加厉地作恶。以自我为中心的大和强没有价值。

2018 年 6 月 5 日

市场要大，发展要快

对一个创业者来说，如果想要把自己的企业做大，首先要做的，是选一个大市场。

你做铅笔，如果做得很大，做到中国第一，那肯定是不错的。你做邮轮或者私人飞机，你做得再好，这个市场就这么大，你的体量也有限。当你选择做米、油、牙膏、牙刷这些民众每天都需要用到的商品的时候，你就是选了一个大市场——这个市场大得足够让你获得足够大的规模和利润。如果这个市场很小，你很难把它做得很大。

我们的运气特别好，因为中国是全球最大的单一市场，或者说单一的最大市场。"单一"是指这里应用同样的法律、语言和货币，且有相同的历史渊源。欧盟的人口大概是五个亿，美国三个亿，印度十三个亿，中国也是十三个亿，但比印度稍微多一点。但欧盟不是一个单一的市场，民众使用的语言不一样，所属的国家不一样，货币曾经一样，最近也开始在分裂了。美国虽然是很大的单一市场，但人口只有三个亿。中国有十三亿人口，我估计很多生意大概能够覆盖中国一半的人口，六个亿左右。这六个亿的市场远远大于美国，美国的同类市场大概只有两个亿左右。而印度人口虽多，却没有这么大的消费人群，这么多的中产，而且因为道路、电力、宗教信仰等问题，它不足以成为一个单一的市场。

在中国，只要跟民生、人口相关的生意，都是一个全球单一大市场。要做大，首先选择大市场。作为一个中国人，我们有很多便利之处，在一个领域创业，很快就能形成一个大的规模。就拿酒店行业来说，美国大概有五百万间客房，中国有一千七百万间，是美国的三倍多一点。而美国酒店的连锁化率是65%左右，中国只有12%到15%。

在这个大市场里，过去排全球前十名的酒店集团几乎全是美国的，只有一个是法国的，中国的品牌完全没有资格排上去。然而在短短的十几年里面，中国有三大集团排到了全球前十。这才刚开始。很有可能有一天，在世界前五的名单里，有三个或者两个是中国的品牌。美国这个单一大市场酝酿、哺育了许多大的国际酒店集团，比如我们耳熟能详的希尔顿、万豪、洲际。在未来，中国的单一大市场会哺育出更大的巨无霸来。这是一道很简单的算术题，也是很直观的观点，对我们把企业做大特别有好处。有人问我，应该选在美国创业、欧洲创业，还是中国创业？我的答案永远是选中国。中国是一个大市场，倘若你有大的理想，选择一个最大的市场来创业，最有可能把企业做大。

想要在中国这样一个高速增长的市场中做大，意味着你要长得快。长得慢，在当今这个社会里没有机会，做大就更不可能了。森林里的一棵小树苗，它可能是很优秀的种子，但如果长得很慢，很快会被森林里长得快的其他树覆盖。接受不到阳光雨露，它很快就会枯萎死亡。

当今社会的竞争法则和丛林法则没什么两样。一个企业倘若做得很小，发展速度不够快，想要冲天而起，基本是没有机会的。当然，如果你没有远大理想，就想当小草、苔藓，那可以慢悠悠成长，但如果想要做大，就必须快。

企业要快速做大，需要在一个快速增长的市场上才能实现，而中国恰恰是这样一个市场。为什么中国是全球增长最快的市场？首先是市场化不充分，也可以说是制度红利。中国的酒店，过去是为领导人准备的招待所、宾馆。真正做大连锁酒店的，像我们和锦江、首旅如家，是从十年到十五年前开始起家。在市场化不充分的时候，相对比较容易取胜。不论是经济型酒店，现在的中档酒店，还是未来我们要进入的高端市场，因为市场化不充分、竞争不充分，我们只要有好的产品、技术、商业模型、团队，很快就可以发展起来。

其次，中国是跳跃性发展的市场。什么叫跳跃性发展的市场？比如说中国的互联网。过去我们的计算机技术落后于美国，但是现在，在应用技术上，中国不管是手机还是通信协议，还是我们使用的计算机工具，基本上都跟美国同步。美国今天有什么，我们基本就能买到什么，在民用领域基本上没有太大限制。而我们现在做的生意，多数正是消费、应用类的，这使得我们有可能跟世界同步、接轨。有人说，中国的酒店业会跟美国一样经历四十年的整合，我说这是不可能的，可能过个五年、十年，几个巨无霸就形成了。事实也正是如此。这种跳跃式的节奏要求我们企业的发展速度非常快——你要想做大，必须跟得上这个跳跃的市场，而不能只是线性地、按部就班地发展。这种跳跃式发展在其他很多国家是没有的，因为他们经历了很长时间的市场化，需要长期的酝酿和磨合。

中国是一个很有意思的地方。从地理的角度看，它东面低、西面高，北面旱、南面涝。如果从商业的角度看，中国是一个大开阔地。想象一下蒙古草原，想象一下沙漠，在这大开阔地上，任何事都可以非常快速地展开，都可以有非常深的纵深——只要做得够快，就能迅速地圈地。

在做大这个问题上，中国的市场条件得天独厚。这跟中国的历史也有关系。像秦始皇统一中国，历史上就没有这样一个统一欧洲的人。秦始皇统一后做的第一件事情是什么？统一度量衡。从大上海的经贸大厦，到生产队的老爹老妈，中国长期的大一统思想使得中国的文化思想、消费观念容易一统，这种一统性根植在每个中国人的脑海里。当一个商业活动成为一种扩散的方式、一种模型、一种运动，它跟意识形态一样，很快会渗透到大江南北。有的可能从基层上来，像脑白金；有的以城市为据点进行扩张，像一些酒店集团、服装品牌。

中国的这种大开阔地的地形，使得我们中国的创业企业和已经创立的企业非常容易攻城略地，迅速做大。在做大这个问题上，我们今天确实是占据了天时和地利。

2018 年 6 月 8 日

专业化才是企业成功的法宝

一直以来我都信奉，唯有专业化才是企业成功的法宝。

越来越多的中国企业家朋友多元化成功的故事，在不断地冲击我的这个信念。是我的固执和保守让我看不到真相，还是多元化的成功只是昙花一现呢？如果得出错误的结论，要么是失去许多本该属于你的机会，要么会因自己的动摇，影响了专一。

专业化的理念来自西方，充分的竞争使得社会分工非常细化。每一家企业为了生存，必须有自己的绝活，将自己这点事做精、做细，才能在市场上占有一席之地。

在西方发达国家，通过多元化做大、做好的确实不多，像通用电器这样的公司属于凤毛麟角。但在当今中国，多元化做大、做强的不在少数，比如李嘉诚等。中国的大多数民营企业家都会涉足房地产，不管他们原来是做服装的、做建材市场的，还是做国际贸易的。

我有一个朋友涉足房地产、百货、酒店、电子商务、矿产、私募投资等领域，而且做得都非常成功。仔细观察他的这些生意，也并不是投机之举，都有一套比较长久和完整的思路和想法。

我在上海还认识另一个神奇的企业家，他本来是做房地产的，将物业交给国际酒店集团经营，觉得他们做得也不怎么样，自己就接手管理了；将物业租给别人做卖场，见生意火爆，他也准备自己做百货业了；觉得自己物业群里的电影院生意也不错，据说也准备涉足影院……看到这里，大家可能对这样的老板不屑一顾，认为其见异思迁，什么也做不好。但结果并非如大家所想，至少目前如此，那家他自己经营的酒店，生意也不错。

看到中国这么多企业家成功地经营多元化的业务，我觉得确实不能有先入为主的偏见，而应该仔细地想明白他们成功后面的原因。

首先是（也是最主要的原因）机会多多。许多企业家是因为各种机会来到眼前才去做的，而不是以研究、调研、计划为前提。

二是中国目前国企、外资、民企这三种不同性质的企业并存，民企的灵活和机制使得他们在某些领域特别有优势。比如跟外企相比可以更快地决策，跟国企相比可以承担更高的风险。因此，民企是最容易倾向于多元化的。

三是竞争的环境不是特别残酷和激烈，在各个领域真正有实力的对手不多。过去几十年，不管是在品牌上，还是在人才上，各领域都没有培养出特别强的玩家。

四是民营企业家的素质在提高。尤其是中国最优秀的那批企业家，早已经不是过去那些"农民企业家"了。他们懂得网罗人才，懂得运用资本市场，懂得运用各种管理工具和技术手段，也学会了如何和政府打交道。这些企业家本人的精力都极其旺盛，工作亦非常勤勉。就像我认识的那位上海企业家，许多事情都亲力亲为，周六、周日都不休息，依然精神头很好。晚餐二两白酒过后，依然神采奕奕。

我相信这些企业家将不断地多元化。他们目前还属于不断扩大疆土的阶段，还不知道自己的边界在哪里。但下一个阶段应该是整顿、发展，将每一块业务都做好、做强。在这一阶段，他们可能会面临许多风险，因为很少有人能在涉足的每一个领域都独领风骚。强中自有强中手，通过充分竞争，大部分人会自愿或不自愿地集中到自己最擅长的领域，这就是"专业化"的开始了。当然，也会有少部分发展成像通用电器和长江实业这样的综合性、多元化企业集团。

另一种多元化的方式是做投资。不是财务意义上的投资，而是股权意义上的实业投资，比如复兴集团。通过财务手段控制企业，通过一流的人才治理企业，再通过优质的经营业绩，在资本市场获得更多的资金，控制更多的企业。

当今中国确实处于机会满天飞的阶段，不管是金矿还是煤矿，都在地层表面，稍微挖一挖就是财富。因此，许多企业家的多元化战略并没有错。篮子里有许多蛋，总比只有一个蛋要好，不仅可以赚取更多财富，抗风险能力也强。

但要永续经营，只有靠专业化。

优秀企业家是稀缺资源。业务过于多元，这种优秀必然被稀释，也就成了平庸。而且，不管精力如何旺盛，不管多么勤勉，我们毕竟还是人，而人的精力是有限的。亲力亲为式的疆土扩张是有边界的，而专注和强大的专业实力则能建构更有竞争力的壁垒。

在未来，品牌、规模、资本、专业人才会是更加关键的生产力要素，这些要素全都导向专业化的要求。最终，趋势会给人压力，迫使企业家选择更专业化的路径。

2010 年 6 月 16 日

取法乎上

《易经》中有一句话："取法乎上，仅得其中；取法乎中，仅得其下。"这句话的意思是，一个人如果制定了高目标，最后可能只得到一个中等水平的结果，如果制定了一个中等水平的目标，最后可能只能得到一个低等的结果。做企业，"取法乎上"是很重要的，高标准、严要求，才能带领一个企业越来越强。

我带团队要求高是出了名的，如果觉得不行，会批评，会淘汰。过去我的脾气不太好，会骂人。我的直接下属们，大部分都被骂过；女下属们，大部分都被骂哭过。现在我不大骂人了，他们反而觉得不太习惯。如果公司里有谁被我骂了，他会觉得"老季还是比较看重我，他依然还骂我"。我为什么骂人？我提的要求，我认为挺正常，他们觉得太难，我们之间无法达成一致。创业之初节奏快，事情多，危机感强，着急了，就开骂了。

我做了三家创业公司，起初很多人都不待见我的严苛，甚至说我不懂行，总提不切实际的要求。我举一个例子。我们在上海的中山西路收了一家四星级酒店，是一对法国兄弟的，那家酒店由弟弟管理，管得非常好。当我们接手的时候，这家店的GOP率（经营毛利润率）大概是30%左右。我们团队接手后，怡然自得地提出将 GOP 率提升到 40% 左右，而我给他们的目标却是 70% 的 GOP 率：原来我们收一百块钱，经营毛利润是三十块钱，现在我收一百块钱要赚七十块钱。他们觉得这几乎是不可能的。

当时有一个央企出来的同志刚来我这里做高端事业部总经理，他对我说，老季啊，你不懂行，我们这行没有这么高的 GOP 率。我说不行，你不要考虑我给的目标对不对，应该考虑如何达到。

当然，我提高了要求，也会跟他们一点点分析怎么达成 70% 的 GOP 率。比如说，酒店原来有个监控房，二十四小时三班倒轮流值班，我一看，基本上这些大爷就翘个脚在那儿喝茶看报纸。三班倒，一班至少两个人，那就是六个人，而现在人工越来越贵。那么很简单，把监控屏幕移到前台，并对所有的监控频道录像，原来录像只存一周，现在可以存一个月，一个月不够存三个月，反正硬盘很便宜。消防警报系统放到前台来——消防警报系统是非常非常响的，警报一响，前台马上能听到，不需要盯着它看。整体的改造几万块就搞定了，却一下子减少了六个人的人工，每年省下的人工费就是几十万。

前台原来也是三班倒，每班四五个人，一堆领导，干活的很少，我全部改成自助登记入住。客人在到酒店的路上，就可以选好房间，并且把房费付掉。到了酒店，复印上传身份证就可以拿到房卡了。一个很好的自动登记入住系统，把前台的工作人员从十个变成几个。今天这个酒店的 GOP 率，已经超过了我提出的 70%。

我在交大是学力学的，数学不错，对建模、数字很敏感，70% 这个数字是我估算出来的，不是随口胡说。这个酒店的商业模式其实是能够做到 75% 甚至 80% 的，所以我还是留了余地的。我对团队有高要求，他们才有可能突破过去的框架。如果你告诉我事情本来就是这样的，就只有这个方案，那我会问：为什么只能是这样呢？如果约定俗成、按部就班、因循守旧，是没有可能突破原有框架，进而超越前辈，成为后来居上的卓越者的。

很多企业往往碰到困难就退，碰到问题就缩，这样很难做大做强。只有取法乎上，才能让企业茁壮成长。

2018 年 6 月 10 日

做大与做强的辩证关系

对企业来说，从初创期到发展期，再到稳定期，会经历不同的阶段。每个不同的阶段都有这个阶段的核心矛盾要解决。先做大，还是先做强？在不同的阶段，需要不同的策略。

先做强，还是先做大？如果是一个初创企业，首先要做大，迅速占领地盘。在中国这个初级市场，你如果不能迅速地占领地盘，很快就会被别人给灭了。这和打游戏一样，没有地盘，就没有机会生存下去。我自己也是用这样的策略来做的。华住在刚刚成立的时候，我们的第一个策略，就是120%的速度，80%的质量。我做不到120%的速度，95%的质量。首先要抢地盘。第二个策略是，占领中心城市，抢一线和二线城市的地盘。这里面包括一线城市的节点二线城市。当这些地盘都抢完之后，我们定的策略是95%的质量，95%的速度。

企业到了平台期，首要的任务是做强。当你占领好了地盘，需要赶紧补课。在这个时代，这是一个很有效的配方。一个企业走到了平稳期，最重要的一定是要做强。就拿房地产企业来说，今天对房地产商来说，最重要的不是抢地盘——地盘抢得越多，死得越快。万科的转型是很好的例子，它从开发商转到运营商——运营商实际上是一种深耕的发展模式。过去把房子造了，卖了，赚了钱走人了，今天不是，房子造好了，我还要做经营，做物业管理，做商业和酒店，做商场管理。中国现在很多地产商在做酒店品牌，实际上是在新的业态、形势下，把企业做强的一个策略。过去大家通过卖房挣钱，现在则是做更多的服务，更深入的了解，更深入的挖掘。

中国这个时代的企业，基本上都是先圈地，然后再做起来的。我很欣赏日本人三十年只做一个寿司的精神，但这种模式在中国的商业环境下很难生存得好。当你不够"大"的时候——地盘不扩大，你在变强之前就会被人消灭。我说的消灭不是你这个店关门，是比如说有二十家创业企业，前三家拿到钱的能够活下来并发展壮大，后面没有拿到融资的十七家慢慢变成小的生意或者倒闭。人才也一样，当你做得不够大的时候，人才不会来。大多数人才都是往大企业去。

另一方面，没有强，也不可能大。对一个建筑来说，强有力的梁和柱很重要，它们可以支撑整个大结构。所以当你要做大的时候，也需要强。在酒店行业，早期拼命圈地，后期粗制滥造，随意加盟，到最后规模是大，但是问题层出不穷。华住也曾碰到类似的问题，遭遇消费者投诉，加盟商抱怨不挣钱。

当品牌处于危机之中，很多人的选择和我不一样，他们可能会退缩。但对我来说，如果我们不挽救这个行业，可能就没有人去挽救了，中国可能就没有自己的经济型酒店品牌了。所以我们投了很多的钱，花了很多的精力，甚至牺牲了我们的短期利润，去重新改造、升级我们的直营店，并鼓励加盟商升级加盟店。在我们的努力下，我们单店的营收一开始是往下走，现在开始往上走。

一味做大，并不稀奇。我们现在是两天开一个店，我们明年大概是一天开三个店，再多开也是可以的。但这个速度能不能持续？大了之后，能不能保持？这是挺重要的问题。

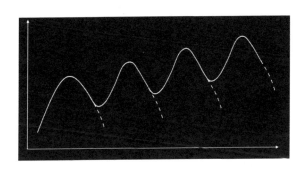

怎样保持大和强之间的节奏？任何一个商业形态、任何一个品牌都会经历一个典型的曲线发展过程，从出现、成长到成熟、衰败。怎样让企业发展的曲线此起彼伏？我的想法是，在你出现往下的趋势的时候，你要找到一个新的函数、新的动力、新的方向，再往上走，直到下一个波峰，以此类推。这样的企业一定具有很强的创新能力和适应能力。既强又大，才能成长成一个世界级的霸主。

举个例子，经济型酒店发展到今天，基本上地已经圈完了，再往下发展是保持子弹平飞的过程，不太可能再突飞猛进。所以我们找到了一条新的曲线——中档酒店，我们的中档酒店大概有五到六个品牌，我们收购了桔子，创造了全季，并且和雅高合作。在三五年前，中档酒店的利润在整个集团中差不多是零，可以忽略不计，但目前其贡献我们三分之一的利润，很快会占一半的利润。

我们的中档酒店越来越多，我现在想的是，怎样靠管理合同挣钱。过去大家靠直营挣钱、特许挣钱，但是全球大的酒店集团都靠管理合同挣钱，所以我在酝酿、培育高档品牌，希望和万豪一样，通过管理合同来挣钱。华住最近创立了一个新品牌，叫禧玥，第一家店开在上海的徐家汇。我想用东方的元素、东方的美、东方人习惯的形态，给东西方的人提供一种耳目一新的产品。

这是我看到的第三级，我不单自己创立新品牌，我还会收购、兼并合适的高档品牌，包括豪华品牌，来形成我管理的现金流和利润。我也在想第四级、第五级。中国这个地盘我已经占到七七八八，我还要有更大的地盘，那就全球化。我们计划在新加坡设立集团的全球总部，第一步进入亚洲，之后进入欧洲，最后决战美国，这是我们公司的几个不同波次。

当一个公司刚刚创立的时候，你不一定想得这么长远，但是当它已经略有规模，略有起色，你要考虑你的第二级在哪儿，第三级在哪儿。企业的经营者一定要考虑得很远，才有可能让企业不断地变大变强。

2018 年 6 月 12 日

速度的极限

在理想的状态下，直线运动的物体，其速度的公式为：$V_t = V_0 + a \times t$。这里"a"是加速度，"t"是时间。也就是说，某一时间的速度等于初始速度加上加速度和时间的乘积。从理论上来看，当时间趋向于无穷大时，速度也会趋向于无穷大。

但实际上，这种情况不会出现。因为经典力学只适合慢速运动的物体，对于接近光速的运动没法准确描述。光速是普通物体的一个极限，要以光速运动，物体的形态会改变。在真实世界里，物体运动的速度极限往往取决于阻力。

我们骑车时，即使顺风，速度都很难突破每小时四十公里。速度越快，空气阻力就会越大，直至和你蹬车的力量平衡。因此，速度就会在某一个极限——比如四十——以下徘徊。

正是我们本身的速度太快，产生了更大的阻力，妨碍了速度的进一步提高。

这个规律在我们的日常生活中反复出现。

"木秀于林，风必摧之"讲的也就是这个道理。树的高度是有限制的，越高的树，越容易被风吹倒。因此，我们所能够看到的树都是有一定高度限制的。

彼得原理（The Peter Principle）认为："在一个等级制度中，

每个职工趋向于上升到他所不能胜任的地位。"说的就是这个意思。限制你进一步上升的原因，就是你自身所到达的高度。

巴别塔是造不出来的。这并非由于上帝的阻挠，而是因为塔建得越高，自身的重量越重，最终会压垮基础和支撑结构，使塔倒塌。即使在没有重力的环境里，也不能无限制延长结构的高度，因为越高，这个结构就越不稳定，最终哪怕是外界最微小的扰动，都会导致系统崩溃。

树是这样，企业也是这样。企业越大，创新能力就越会下降；过多的层级，及其所形成的官僚机制，使得整个机构效率降低。像通用电器这样"巨无霸"的企业也不能什么都做，只能恪守"数一数二"的原则，保留优势产业，才能在竞争中生存。

历史上的帝国也是如此。罗马由于快速扩张和物质生活的过于领先（奢华），使得管理和控制能力减弱，军队战斗力下降，最终在北部野蛮人的入侵下瓦解。成吉思汗差不多犯了类似的错误：快速扩张，又快速地回到原点——发家的蒙古草原上。

中国历史的"周期率"（黄炎培语）大抵如此，都是因为一个朝代的发展，奢极而衰。富的人越富，做官的人益加贪腐，老百姓穷的越穷，苦的越苦，导致整个社会失衡，只能通过暴力的方式重新组合，重新进行利益分配。这也是一个朝代由于自身的发展而到达自己寿命的极限所致。

家族传承也是如此。"富不过三代"讲的就是这个道理。家族的竞争力丧失或者减弱，恰恰是由于"富裕"造成的。"富裕"使得后代丧失了斗志，没有勤奋和努力的动因。而那些出身贫寒的人们，会从最底层冒上来。他们有的是野心和动力。

我们个人又何尝不是如此？我们的事业、我们的官阶、我们的财富，都是遵守类似于彼得原理的规律。阻碍我们进一步向上的，恰恰就是我们引以为豪的"速度"。这里的速度指广义的速度：事业的发达程度、官阶的高低、财富的多少。

自然界的规律，无一不在我们人类社会中得到体现和验证。因此，了解我们自身的局限与边界非常重要。这也是我反复强调人需要有敬畏之心的缘故。即使不去敬畏那些人格化的上帝，也要敬畏那个物化的上帝——自然规律。

2010 年 12 月 26 日

建立志同道合的人才梯队
——旅美飞机上的感悟

在张拓担任 CEO 期间，有一些创业员工和老员工，如成军等离开了公司。在我回来重新担当 CEO 后，又有海军等一些老同志离开我们。每一个人的离开，我都非常舍不得，同时也在自我反省：哪里做得不对，做得不好？难道简单地说，他们与我"志不同道不合"吗？如今，伟业未成，老部下离去，又谈何"快乐"？

基于这样的状况，我做了一些反省和思考。

那些企业初创期的伙伴们，在企业前途未卜、风雨飘摇的时候，因为各种原因加入华住，甘愿冒险，披荆斩棘，为华住今日的成就奠定了基础，做出了卓越的贡献。企业一步步壮大了，有些人没有得到自己期待的提升，或者在公司发展较慢，被对手或其他同行挖角；有些人饱含激情，喜欢创业的感觉，在一个逐步规范和规模化的企业里觉得平淡，也会选择再创业或者加入其他新的创业团队；有些通过上市，有了一些小积累，对于物质也没有过高的期待，宁愿选择过一种简单、轻松的生活；也有一些，是因为我们这一两年内，内部团队的调整，波及了他们；还有的因为待遇问题，或因为私人因素……

说实话，每个跟随我创业的元老级员工的离开，都令我非常伤心和难过。昨天，我在细雨中走在纽约的街头，路过和海军同住过的华尔道夫酒店和曾经一起醉酒的日本餐厅，还有些惆怅和伤感。

像雅高创业元老们那样一辈子的朋友和事业，让我羡慕，也是我的人生理想。但我也能够理解当今的中国现状，四处充满了机会和可能，创业和造富的喧嚣不绝于耳，社会普遍浮躁、急功近利，诱惑实在是太多了。

有些离开华住的人，可能对华住和我都有过失望和不满，尤其在华住股票不高、薪酬制度过渡的期间，一夜暴富的梦想没有了。公司的快速成长，也让一些人有了更多的想法。他们选择了离开，开始了自我的探索和尝试。我真心祝福他们在未来的道路上顺利。感情上，我舍不得，但华住还有自己的责任和目标，团队始终是要继续建设的。

我在同事们中间可能是毁誉参半，但实际上我是个非常重感情的人。平常因为工作，因为距离，不一定为许多人理解。有些人觉得我吹毛求疵，态度粗暴。

吹毛求疵是因为责任和要求高。假如不比他人强，我们何以自存？这几年在连续创业过程中，我大多采取了粗放的野蛮的实用主义风格。但本质上，我是个完美主义者，做事情希望尽善尽美，面面俱到，希望每样事情都好，每个人都满意，在工作中要求高是必然的。我经常挂在嘴边的话是："取法乎上。"这是真理，不管是创业，还是永续经营，"卓越"是迈向伟大的唯一途径。

有些人不喜欢我的态度粗暴，但这是领导风格，跟尊重和其他无关。人无完人，我更不是圣人。从另一个方面来说，态度粗暴是直接和坦率，还有信任和高期待。我基本不会对普通员工暴跳如雷，也很少给予期望值不高的人严厉的训导。

酒店行业并非是一个暴利行业，工作也很辛苦、琐碎，我们的大直营模式对我们的挑战很大，跨地域的高速发展对管理的压力也很大。我别无选择，只能全力以赴。实际上，我是真正喜欢上了这个行业。我爱我的工作和事业，我感觉自己找到了一生中最值得自己去做的事情。每天上班，心头有许多憧憬和计划；每天下班，觉得特别充实和快乐（当然偶尔也会有郁闷和疲惫）。我有责任，也非常乐意带领这个企业和这个团队，走得更远，谋求更大的成功。人和企业都有寿命和极限，我不奢望华住可以例外，能够辉煌几个世纪，但我会认真地将华住按照永续经营的思路去做。

公司里有些同事私人关系较好，经常在一起吃饭，这其实挺好。现代人花在工作中的时间越来越多，同事间的友谊无疑是给企业加分的。但是有些人在某些时候分不清公和私，在公事中夹杂着私人好恶，影响判断和行为，甚至形成了所谓的"小团体""小圈子"，这在一定程度上会阻碍外部优才的进入，公司未来发展可能会因此后继乏力。

有些老人，在企业时间长了，居功自傲，甚至会占着位置搞公司政治。这些人就变成了公司的负面因素，必须及时教育和清理。

高速发展的企业，要求老人必须要能够跟得上企业的发展。

在新的岗位、新的机会出现的时候，我会优先想到已有的干部；如果他们满足不了新岗位的要求，就必须从外部寻找人才。

对于新人，我们也要抱着平等、淡定的态度来看。不能说新人就比老人好，就比老人高明。新进入公司的人，"德"是第一，也就是我讲的"志同道合"。我们也不指望人家一进来就爱上华住，但大家基本的价值观、人生观、事业观要大致一样。由于企业规模越来越大，我们也要有足够的胸怀和气度，真心地欢迎新的人加入。

到底是采取纯粹的家族式管理，还是全面以职业经理人来主导公司？这是许多中国企业在思考和实践的课题。像阿里巴巴一样，我们两种思路都不同程度地尝试过，至今还没有最终满意的答案。

目前，我更倾向于两者的结合，就像阴阳八卦图一样，宇宙的规律是"执中"。创始团队和职业经理人对于一个高速成长的企业同样重要。因为高速，许多业务需求等不及成长，需要外请；因为高速，许多价值观和经验被稀释太快，需要元老们的坚持和传承。老人和新人相结合，西方的制度和管理工具结合东方的伦理和人文，也许是对治我们这些高速成长企业的配方。

一个高速成长企业中的企业家必须要有足够的胸怀去容纳人，包括新人和老人。衡量人的唯一标准应该是——对于企业的价值。只要是对企业好的，就是应该吸纳和保留的人才。

中国人讲"义"，这是个传统美德，应该尊重和保持。但应该分清酒肉朋友和哥们儿义气的"小义"，与惠及大多数人的"大义"之间的区别。一般的义气可以存乎几个朋友间，但这些东西到了一个大的组织却不一定值得推崇。有些人在日常工作中，担心得罪人，不说、不敢说、不好意思说。这样的结果必然是损害了公司的利益，是一个多输的局面：当事者双方和企业。你没有指出对方的不足，他少了一个改进的机会；自己因为怕事，在主管和绩效面前得了低分；公司也因此受了损失。

还有一些人有"大公司"的概念，认为公司现在大了，这点损失和利益算不得什么；而且公司是个比较抽象的概念，不像面对面的人（同事或供应商、合作伙伴）来得直接，有些可以做的改进不去做，可以争取的利益不去争取，因为麻烦，因为会得罪人，甚至可能会损害别人的利益。反正就这么着，也未必有人能够察觉，做个老好人、和事佬得了。这样的人，为了一己的方便和私心，牺牲了公司大的利益，实际上是牺牲了包括他在内的许许多多人的利益，他的不作为和自我方便，危害很大。

所以我们必须围绕战略，慎重仔细地设计出主要部门的平衡计分卡，客观地甄别出绩效好的人，培养他们，重用他们，信任他们，提拔他们，给予他们更多资源、更好的薪酬，让他们为华住创造更多价值。反之，那些庸碌无为、消极怠工、自私自利、混日子的撞钟和尚们，必须推动他们改变和进步，不然最终只能清理出队伍。

建立人才梯队是战略的第一条，对于公司未来至关重要。

建立志同道合的人才梯队，首先必须根据战略目标，合理优化组织架构，简洁、高效地配置人员和组织。

其次，厘清干部层次架构，有重点地针对性对待。

除核心管理层外，可以将管理人分成三类：第一，目前总部的部门负责人、城区总经理是团队最重要的核心队伍；第二，总部部门总监、部门经理和城区的资深店长等是最重要的管理骨干；第三，总部经理级、主管级干部和城区的店长、多店店长等，是最重要的基础管理团队。

这些干部人选，首先在现有团队中寻找合适的，如果没有，就从外部招募。外部招募人员，有一个考验和建功立业的过程，也需要有具体的目标计划和适应计划。

对于这三层管理团队，需要不时加强沟通，寻求认同，在保持每个人多样性的同时，保持核心价值观的一致。季度例会、定期谈话、不定期非正式交流、民主生活会、午餐会、里程碑庆祝、生日庆祝等活动，都是我们跟他们沟通交流的机会。可以用带一级看一级的方式。比如管理层直接带教部门负责人和城区总经理，同时要往下再看到部门总监和资深店长这一级；城区总经理直管资深店长，同时要看到店长和多店店长，以此类推。

绩效是衡量干部的尺度。围绕公司战略，分解成各岗位部门的平衡计分卡。围绕战略重点的同时，能够做到对干部的衡量，公正、公平、不偏袒。

除了每个人的实践和自我学习、感悟以外，还要用培训帮助他们成长。外部培训（领导力、管理工具等）、华住学院、顾问、内部传帮带、读书等，都是加强培训学习的途径。

我们必须通过高效管理，形成有竞争力的盈利能力。而高效管理的基础是干部队伍，给予他们有竞争力的薪酬，跟培训一样是投资，而不仅仅是财务报表上的成本项。通过有竞争力的薪酬，可以让大多数干部抵抗外在的种种诱惑，包括挖角、贿赂、擦边球等，专注于自身成长，让自己和家人可以从容地生活。

这三层干部，都应该分享到华住的股东计划（可以是期权或限制性股票），这些计划是薪酬的一部分，公司发放给他们的期权、股票，有望在将来的一定时间内，成为他们一笔可观的财富，让他们可以无忧地享受退休生活。通过股东计划，主要管理干部分享了企业成长的成果。

除此之外，我们还在各大重点高校招聘管理培训生。随着华住的发展，我们需要很强的自身造血能力。我们不仅需要来源于一线的实践性人才，同样需要具备抽象、概括能力的系统性人才。这个实践刚刚开始，效果有待观察。

而在绝大多数的基础员工方面，我们要能够提供稳定的工作岗位、有一定市场竞争力的薪酬和快乐轻松的工作环境。由于人力成本会在未来急剧上涨，我们不能保证基础薪酬可以跟随通货膨胀同比例上涨，甚至也不能保证是行业内最高的。但我们会努力通过技术手段和组织创新，以及外包等办法，控制住人力成本的上升，同时保证在编员工享有具备一定竞争力的待遇。

华住已经从一个几个人的初创公司，变成了市值几十亿元的境外上市公司，门店遍布全国各省市，有近十万客房，每年接待几千万客户，销售额几十亿，为国家纳税过亿，解决了数万员工的就业和基本生活问题。不管是人才、资金、融资能力，还是门店网络、客户基础、品牌，华住都毫无疑问名列前茅。此刻，我们处在一个比任何时候都更好的时空点上：市场的机会向我们开着大门，不仅仅是经济型酒店，整个中国的酒店业，随着国家综合经济实力的上升，迎来了又一个春天。

我有足够的坚韧和坚持，带领大家走向远方。作为这个企业的领导者，我深知肩上的担子很重，责任很大。我必须要有足够的胸怀和修为，宽容那些不好的人和事，宽厚地对待跟随我创业的老同志，大气地迎接新同志，自我消化那些不理解和委屈，甚至包括谣言和诬陷。

没有这种气概和精神，就没有资格谈伟大。

过往有惆怅，但往前看，我满怀信心，充满希望。

2012 年 5 月 12 日

互联网焦虑症

我从所谓的互联网行业转战传统酒店业，已有十二个年头。虽然辛苦劳累，但成果还不错：虽然起步较晚，但在各个方面都在不断超越同行，慢慢成了中国酒店业的"头牌"。加上我连续创业了几个公司，还经常被一些新的创业者请去介绍"经验"。

记得在广州的一个小餐厅里，唯品会的沈亚跟我讨教创业和融资的事情。我已经不记得当初跟他说过什么，对他是否有帮助。但现在，唯品会的市值已是五十八亿美元，是我们的三点五倍，甚至已经超越携程！我吭哧吭哧做了将近十年的传统企业，被一个年轻后辈的互联网企业轻松超过！

还有一次，在IDG的年会上，我信誓旦旦地号称自己要将华住做成一百亿美元的企业，台下也是掌声雷动，给我很多鼓励，自觉也蛮了不起。在我后面发言的正好是雷军，他做小米比我还晚，上一轮融资的作价已经超过一百亿美元！还没上市呢，就一百亿了。

酒店行业并不好做，都是些苦活累活，事务繁琐，环节众多。经济型连锁更难，既要好又要便宜，成本稍微高一点，利润就不见了。三百六十五天，天天要睁大眼睛，不能出啥纰漏；

天天要做好生意，哪天差一点，后面就得拼命补。

看别人的企业，沾点互联网的光，换个互联网的新打法，市值轻轻松松地就超越了我们。光从市值上看，是几倍、几十倍的差距。且不说谁笨谁聪明，古话说"天道酬勤"，难道我们这么辛苦，这么努力，都没啥用吗？天道在哪儿呢？

另一个焦虑的事情是OTA（在线旅行社）。随着手机应用软件的普及，OTA们都各显神通，又是综合服务平台，又是手机门户。手机屏幕小，容量有限，我们这些单一用途的手机应用软件很难被用户保留在手机里。眼睁睁着OTA的比例一点点上升，心里着急。本来OTA每间房挣的钱就是我们的两倍多，随着移动互联网的普及，还会从我们这里抢去更多的市场份额。这样下去，我们就会沦为挣辛苦钱的帮佣了。

OTA的日子好过吗？也未必。建章回到携程后，大刀阔斧地进行调整，夜以继日地工作，又是购并，又是投资。除了要对付来自去哪儿和艺龙的竞争和蚕食，还要提防阿里和腾讯的顺手牵羊。真可谓呕心沥血。

BAT的日子就好过吗？马云大哥被腾讯的微信弄得焦头烂额，也处于明显的焦虑中：内部强行推广"往来"；匆忙推出手机游戏；收购微博；甚至传出入股360的消息。

马化腾呢？也未必轻松！且看他的一段话：互联网时代、移动互联网时代，一个企业看似牢不可破，其实都有大的危机，稍微把握不住社会趋势的话，就非常危险，之前积累的东西就可能灰飞烟灭了。

看来大家都在焦虑，都在纠结，都在苦苦思索和寻觅。我们大家所焦虑的原因就是互联网，主要是移动互联网。跟十四年前互联网浪潮一样，每一次信息技术的革命给企业界带来无穷想象空间的同时，也带来了转型的危机和被淘汰出局的恐慌。

当一个问题无解的时候，反观自身，回顾历史，也许能找到方向，找到答案。

1949 年以前，中国出现过很多"大王"，比如剪刀大王张小泉、粽子大王五芳斋、面粉大王和棉纱大王荣氏家族、烤鸭大王全聚德、火柴大王刘鸿生、万金油大王胡文虎……这些都是跟老百姓日常生活密切相关的行业，他们在民族资本兴起的年代，迅速成为各行各业的领军人物。解放后，他们大多数被国有化了，至今仍有部分活跃在各自的领域。我们最近投资的全聚德就是一家非常不错的百年老店。全聚德已经有一百五十年的历史，已经超越了马云一百零一年企业的梦想。

再看看现在衣、食、住、行各个领域的"大王们"。

优衣库目前市值四百零八亿美元，麦当劳九百五十一亿美元，刚刚上市的希尔顿两百二十亿美元，达美航空两百三十五亿美元，看来同样是行行出状元。这些传统公司的特点是：历史长，盈利稳定，规模和市值也不小。

再想想，五十年、一百年前有互联网企业吗？没有。在新技术不断出现的时代，高科技公司的产生和淘汰率实在是太高了。曾经作为商学院案例的惠普已经是风雨飘零；雅虎被谷歌取代，脸谱网又抢了谷歌的风头；曾经市值两千亿美元的诺基亚，被苹果挤对得难以维续，七十亿美元贱卖给了微软；微软自己也好不到哪里去，抱团取暖也只能苟延残喘……五十年以后，一百年以后呢？一定还会有更多新兴企业，凭借新技术，颠覆目前的这些大腕儿们，今天盛极一时的新兴企业，能剩下的不会太多。

再看看今天的世界级酒店集团，大多有四五十年以上的历史。创立于1919年的希尔顿已经将近百年时间。五十年、一百年之后呢？我相信人们还得睡觉，还得出差住宿。因此我们这些满足基本生理需求的企业必定还会存在，只要我们自身不出问题，建立好扎实的基础和架构，到时华住将会有机会和希尔顿它们一起，跻身世界酒店集团之列。

线上企业固然好，规模可以极大，可以达到千亿美元的规模，但能够达到这个量级的企业数量极少，竞争将会非常惨烈，企业的生命周期将会较短。就像昙花，很美，但只能一现。

那些互联网企业很美，非常了不起，我也羡慕那种极致的热点感觉。我有这样的雄心，可惜没有这样的机缘。敝帚自珍，我觉得自己从事的住宿业也是非常不错的行业。在人们发明出不用睡觉的方法之前，住宿业一定会存续！这种贴近人们基本生活的产业，将会更持久、更稳固、更多元。

经过以上的思考，心定了一些。但绝不能故步自封，闭门造车，而是要在做好本分的事、练好基本功的基础上，拥抱互联网。

现在很时髦的一个词是O2O，也就是online to offline，是指将线下的商务机会与互联网结合，让互联网成为线下交易的前台。现在热门的O2O企业都是互联网企业，比如大众点评网、团购网站等，传统服务业大多寂然无声，好像跟他们没有关系一样。其实O2O的概念非常广泛，只要产业链中既涉及线上，又涉及线下，就可通称为O2O。

面对这样的移动互联网变革，做鸵鸟是不行的。基于互联网的OTA，每间房每夜挣的钱已经是我们实体企业的两倍左右，市值经过放大更是达到七八倍之高。我们自己如果不思进取，在移动互联网的进一步变革浪潮中，利润将会越来越少，最后逃脱不了挣辛苦钱的命运。

十年前，我刚进入传统行业时提出：用IT精神打造传统企业。当今中国酒店业真正具备竞争实力的，都是秉承这个精神的企业。

今天，我要再进一步调整为：用互联网精神打造传统服务业。不仅仅是要使用互联网技术，更重要的是互联网思维。

互联网思维是相对于工业化思维而言的。

工业化时代的标准思维模式是：大规模生产、大规模销售和大规模传播。但在互联网时代，这个重要的三位一体被解构了。

正是因为工业化的发达，产品和生产能力不仅不再稀缺，而且极大地过剩；产品更多地是以信息的方式呈现，渠道垄断变得不可能；最根本的是，媒介垄断被打破，消费者同时成为媒体生产者和传播者，通过单向、广播式传播方式制造热门商品、诱导消费行为的模式不再行得通了。

我们正在迎来一个消费平等、消费民主和消费自由的消费者主权时代。原有供应链上的关键角色，如品牌商、分销商和零售商的权力在稀释、衰退，甚至终结。在消费者主权的时代，消费信息越来越对称，价值链上的传统利益集团越来越难巩固自身的利益壁垒，传统的品牌霸权和零售霸权逐渐丧失发号施令的能力。话语权从零售商转移到了消费者手中，消费者通过自媒体，建立和强化了这种自主权。

互联网思维是一种用户至上的思维。

以前的企业也会讲"用户至上、产品为王"，但这种口号要么是自我标榜，要么是出于企业主的道德自律。但在数字化时代，"用户至上"是你必须遵守的准则，你得真心讨好用户，因为用户口碑和好评变成了有价值的资产。

移动互联网进一步颠覆了现有的商业价值体系和参照物。过去，零售商和品牌商习惯了自吹自擂，而粉丝经济的核心是参与感。我们必须主动邀请用户参与到从创意、设计、生产到销售的整个价值链中来。

移动互联网也颠覆了价值创造的规律。我们必须回归到商业的本质，找到用户真正的痛点、痒点，为客户创造价值。就像雷军说的，要做出让用户尖叫的产品来。如果仅仅提供商品本身的消费价值，由于大量同质化商品的存在，粉丝是没有动力去买你的东西的。

为了区分当下流行的 O2O 概念，也为了更好地诠释我们传统产业的 O2O 途径，我提出了 O2O2O 的概念。

第一个 O 是 offline（线下），也就是我们的产品和服务，这是我们的基础和根本。在这个网络时代，我们必须借助互联网手段（online）来传播、销售我们的线下产品和服务。这就是第一个 O2O（offline to online）。

用户 online（在线）购买我们的产品和服务后，必须来到我们 offline 实体店来体验，这就是第二个 O2O。连起来就是 O2O2O。我用一个三角形来表示。

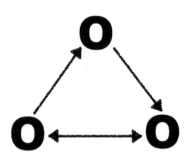

下面这条边是我们坚实的线下基础，这也是我们赖以生存和竞争的根本。上面那个顶是我们必须善用的互联网工具，用它提高我们的知晓度，提高我们的运营效率，提高用户的全过程体验。

许多新兴互联网 O2O 企业，做的都是一些"无中生有"的事情。利用服务和产品的过剩，跟商家讨个好折扣，以此吸引大批客户，低价批发低价销售，美其名曰"团购"。收集一批用户评价，给商户评级排名，再设法跟商家或者用户收钱，这样的就叫"点评网"。他们一旦聚敛了巨大的用户，就跟过去的分销渠道一样，垄断了商家和用户交流的渠道，就会有很强的话语权，会在两边赚取超额利润，但更多的是向商家榨取高额佣金。过去工业化时代的国美、苏宁，就是上一代的渠道垄断者。

对于小型企业和分散的商家，这些新式的 O2O 是有帮助的，至少在没有超越临界利润点的时候是利大于弊。但对于大型品牌集团而言，如果一味依赖这些新兴的渠道商，将会是灾难性的。因为这些新型的"中介"更加容易沉淀用户，黏着用户。在社交化、移动化的推动下，还会产生"去品牌化"的情况。

中国的传统服务业，实际上同时在经历品牌化和去品牌化这两个既对立又统一的过程。由于长期轻视和压抑服务业，中国的品牌化趋势明显；但是互联网，尤其是移动互联网和社交媒体的兴起，有淡化品牌的作用，这样就产生了一种"去品牌化"倾向。我们可以在这两种矛盾对立的趋势里，对绞出一种螺旋式上升的力量来应对。

传统服务业要在新格局里找到自己的定位和核心价值，必须具备互联网思维。我提出的 O2O2O 模式（实际上也是 O2O 模式，只是这样的表达更加明确）应该适用大多数传统服务业。

未来是否还需要这种变种的"中介"和中间渠道？未来的品牌集团是否还是今天这样的模式？这值得我们思考和探索。比如酒店集团，从最早的重资产模式，进化到今天的轻资产模式，以品牌和管理为主。未来的酒店集团是否应该进一步演化，演化成"品牌＋管理＋渠道"的模式？

带着这样的思考，我们将会进行进一步的尝试和探讨。华住的理想是要成为"线下大王"！我坚信，任何技术的发展，都代替不了线下的实体体验。比如，酒店做好产品和服务，餐厅做出美味的菜品，永远都是我们线下企业最重要的核心价值。线上平台永远无法替代这种体验式服务。移动互联网提供了我们跟用户沟通和交易的更有效手段，不需要或者极少需要任何第三者插足其间。我们将自己的核心价值，直接和最终用户对接，使得服务方便、迅捷、不贵。

在这样的理念支配下，华住才有希望成为世界酒店业的翘楚，成为价值数百亿美元的公司。

有焦虑，才会有思考；有思考，才会有突破；有突破，才会有璀璨的未来。

线下大王，就是我们医治互联网焦虑症的良方。

2014 年 3 月 1 日

大风和直树

这个季节，有一股类似于中国台风的季风会路过普罗旺斯，风力之猛，只有身处其中的人才能感受到。我的户外家具会被吹起，桌仰椅翻，瘦一点的人感觉好像要被风吹走！在中国，台风过后，我们地里的庄稼会顺着风的方向倾斜，树木或竹子会被风吹得倒向一侧。但在普罗旺斯，同样剧烈的大风（每年如此），对树木却毫无影响。大风过后，它们挺拔如旧，直直地矗立，自信自得地升向天穹。

这让我很好奇。后来，经仔细观察，我发现原因有三：首先，这个地区地质坚硬，树根和地面咬得很紧；二是这些树都是老树，根基都很扎实；三是这些树都很柔韧，风来了，随风起舞，风过了，不留丝毫痕迹。

由此，我联想到互联网浪潮，联想到中国企业，联想到中国一波波的调整和波动。

企业像树，市场与客户像泥土。只有紧紧咬住市场，抓住客户，才能在风浪里保持尊严和自我。企业的内功、内涵，就像树根，必须扎实和深远，才能屹立不倒。风就像一波波的革新和浪潮。浪潮来了，我们有和它起舞的柔度和韧性，才可以随风起舞。潮流过去后，我们才可以仍然巍然挺立。

做企业要有扎实的内功，要紧紧契合市场，更要柔韧和富有弹性。如此，我们才可以在风浪里起舞，才可以乘风而长。

2014 年 7 月 11 日

创业时要注意什么

1. 商业模型

创业以商业模型最为重要。

一个成功的商业模型需要在最恰当的时机出现，不能早也不能晚。每一个商机都有一个窗口期。早了，成了烈士；晚了，抢占制高点不易，甚至错失机会。

一般的商业模型是迎合市场的需求，不一定是创造新的消费行为。可以在现有的模式上，利用新技术改变游戏规则，但不是创造新的消费行为。比如，你可以用互联网来卖服装，但你不能让人们不穿衣服，改披纱巾。

一个好的商业模型是找到利益的"和谐点"。用户想又便宜又好；商家想投入小利润高；渠道想不劳而获，抽成越高越好。如何在生态链里找到各方可以平衡的"和谐点"非常重要。比如，投资多少最为合适？卖价多少客户觉得超值？哪些服务需要提供，哪些服务需要裁剪？加盟商的收费如何？怎样做到既可以让加盟商愿意加盟，我们又可以有可观利润？

一个好的商业模型是经得住时间和实践考验的。就像一架新钢琴，一般不可能买来就很完美，需要调音才能悦耳动听。一个商业模型在理想和现实中来回几次属于正常，需要不断优化，不断迭代升级。

一个好的商业模型一定是独特的，创新的。依靠低成本和高效率的创业只有在特定环境下才能有效——比如在中国，凭借好的市场化机制，跟僵化的非市场化体制来竞争。成功各有各的不同，但抄袭和拷贝，至多弄出一个二流的公司。

2. 客户关系

在某一个细分市场，客户的量实际上是确定的。最大限度地吸引到尽可能多的拥簇者、粉丝，是我们创业者要考虑的头等大事。也许是你的产品好（比如苹果），也许是你的故事好（比如中甸改名香格里拉），也许是你的价值观引起了共鸣（比如无印良品），也许是你的性价比高（比如经济型酒店）。所谓"专注、极致、尖叫"，就是因为在这个产品极其丰富、信息充分对称的时代，只有专注才能做出好产品，只有极致才能打动客户，只有尖叫才能触动客户的内心和灵魂。

酒店行业的客户除了住宿者，还有加盟商，这两类人的需求都要考虑到。特许卖的是信誉，产品做烂了，就是透支了信任，这是非常糟糕的事情。重建信任几乎是不可能的，而且有太多的对手在旁边像狼一般窥视着，你稍有漏洞和破绽，就会被攻击，被撕咬。

对客户需求的了解，我不是依靠市场调查公司或者咨询公司的意见，而是做角色模拟，把自己想象成目标客户，推己及人。

再通过一个个应用场景的设计，来找出客户的需求点。除了表层的需求点，也要探究深层的需求，其中还有价值体系的共鸣。

产品出来以后，还要在现场感受客户的反馈。任何点评和市场调查，都比不上在现场的体验。在现场，不仅要观察、交流，还要自己体验。除了体验自己的产品，更要体验对手和同行的产品。比如，我们原来有一款电视机，电视机的电源指示灯是很惹眼的蓝灯，你巡房的时候没法发现这个灯的问题。只有在这个房间住下，晚上被这盏惹眼的电源指示灯烦扰的时候，你才能发现这个问题。

3. 做好产品

制造业制造有形的产品，比如一件衣服、一把剪刀。互联网上是软件产品，比如微信、Keynote。服务业提供某项服务，有时候是软件和硬件的结合。比如酒店业的产品包括客房等"硬产品"和人员的服务等"软产品"。

酒店业的产品是一个整体，甚至前台的衣服、服务人员的态度、早餐的品质、wifi 的速度，都构成了酒店的产品。

春江水暖鸭先知。产品好不好，客户的体验是最精准的。每一个细节，每一类客人，都非常重要，疏忽不得。比如马桶的高度和前后宽度，东方人和西方人有差别，马桶太高了，得踮着脚上厕所。再如旅游客人需要大的衣柜，方便将各类衣服摊开；但商务客人需要的是一目了然，没有柜门的衣橱最合适，这样就不容易忘记。

酒店产品不一定要让用户"尖叫",可以润物细无声地打动他们的内心。

要做到这样,一是要合乎常识,不哗众取宠。我们接手丽江漫心的时候,所有的电源开关都是数控面板,连我这个工科生都很难将需要的灯光打开或关闭,除了给客户增添麻烦外,没有任何价值。

二是要了解人性,尤其是人性的弱点。比如人都很懒,图方便。加一个自动扶梯到二楼,就可以非常有效地将人流引上去,楼梯和电梯的效果差很远。比如人都贪图便宜,喜欢占点小便宜。我们可以设计一些免费项目,汉庭客房的免费矿泉水和无线网络,就很受欢迎。再比如积分计划,对于我这样的人一样有吸引力,乘飞机我还是喜欢积分,可以兑换免费机票。

三是要以合适的成本制造产品。尤其是在中低档市场,对成本的控制和功能的取舍非常重要,甚至影响商业模型的成败。在经济型酒店行业,某个品牌以我们中档品牌全季的成本来做经济型品牌,RevPAR 收入还没有我们经济型品牌汉庭高。可想而知,业主和投资者的回报有多差!功能的取舍同样重要。比如在客房里是否放浴缸?这个问题在设计我们高档品牌禧玥的时候让我们特别纠结。斟酌再三后,我们还是取消了浴缸,因为按照我们的商业模型,只有少数人会用到浴缸,但是放浴缸会增加较大的投资。卫生间多一个浴缸固然好,但我们还是在一个高档品牌上舍弃了,以满足我们的模型设计。

四是要符合主流客户群的审美和价值观。在贵族和绅士时代,客人讲究被服务,被重视,被关注。所以门童、行李员、礼宾员等职位和记住名字等服务被广泛推广。丽思·卡尔顿的口号"我们以绅士淑女的态度为绅士淑女们忠诚服务"就是那个年代的典型标识。现如今呢？客人需要的是隐私、便捷、自助、环保。过多的服务和关注，只会让人觉得讨厌和烦恼。一群人围着一两个人，也会被视为不环保。那种贵族式的繁文缛节已经不符合潮流了。全季就是针对现代人的这个特点推出的酒店品牌。

在互联网和移动互联网的推动下，客户的口碑变得空前重要。好的产品甚至不再需要做广告，做宣传。微信、微博、脸谱网等社交媒体，可以非常容易、非常迅速地将好的口碑、坏的口碑传遍天下。酒店行业是个非常典型的体验行业，水温、噪音、被子床单的舒适度、床的软硬等，客人都是实实在在地在体验。做好了，不一定表扬和传播，但哪里没有做好，很容易引起大家的不满。

产品的重要性怎么强调都不为过，产品实际上是商业模型在客户身上的落地。因此每一个创业者，都必须是产品专家，用今天时髦的词儿来说——产品经理。

从人性出发，用极客精神做好产品，在用户的体验过程中得到客人发自内心的喜欢认同，从而形成迅速传播的口碑，进一步形成品牌——有了品牌才能连锁推广。这样的一套逻辑和路径，在任何时代都不会过时。所有的忽悠、投机取巧、伪创新，都会随着时间的推移露出马脚。

我们不投机，我们要做持久的品牌，做好产品是基础和关键。

4. 旗舰店

旗舰店在连锁企业创业中的地位非常高！

大家都知道纽约第五大道上的苹果专卖店，也知道浦东高耸入云的金茂凯悦、虹桥古北的家乐福、上海漕溪路的宜家、王府井的麦当劳、外滩东风饭店的肯德基……

旗舰店，有时候也叫样板店，不仅仅是做出来给别人看的，更主要是企业将自己的商业模型，通过实体店表达出来。装修风格、产品展示、成本造价、运营流线、客户反应、租金、盈利能力等等，通过旗舰店打磨、测试，然后才进行推广。自己都没有想明白、搞清楚，如何让别人投资加盟？

旗舰店最好从城市辐射农村，上海、北京的示范作用远远超过南通、昆山这样的城市。位置也是越中心越好，建筑和店面越醒目越好。

从位置到投资，旗舰店的配置可以稍微高标一些，做得极致一些。因为是母版，大家照着这个学习、拷贝，要考虑到复制过程中的递减效应。但是，整个模型结构上不能走样，否则就失去了示范店的意义。比如我们肇嘉浜路的全季，家居用品和房间装修都是高标，因为位置好，RevPAR 也高些。它作为示范店的同时，并没有破坏全季整体的商业模型结构。

在一个省份、一个地级市的第一家店非常重要，不管是不是直营店，实际上它就是我们连锁品牌在这个地区的旗舰店。店的位置要中心、醒目，产品的标准、品质不能走样。

旗舰店的轰动效应，包括盈利、形象、客户体验等，会是非常好的宣传点，会形成很好的口碑效应，也是吸引加盟商的最佳利器。

创业初期，要重视旗舰店的建设，创始人多在旗舰店里泡泡，琢磨、优化、迭代。我在西直门的建国客栈、新虹桥的汉庭都待了相当长的时间，许多创意和改进都是在店里的实践中想到的。

5. 品牌故事

每一个品牌都是独特的，每一个品牌都有自己的故事。我们创业者，必须学会讲故事。用生动的语言，讲出你的激情，讲出你的梦想，讲出你的生意，讲出你的设计，讲出你的产品……

听众有投资人，有团队，有客户，有媒体，有社群大众。所以故事可以有不同版本，但是主线是一致的。故事的语言应该是简练的，声情并茂的，通俗易懂的。我们可以用比喻，用幽默的笑话，用图表，来帮助我们讲故事。

我记得IDG的周全第一次听我们讲商业模型，跟我讲：用三句话讲清楚你要做什么。我当时有些吃惊，这么大的投资，三句话就行了？大道至简，因为他们整天听别人说商业模型，各式各样忽悠的人都见过，创意的好坏，往往在这"三句话"的要求下现出原形。

我也是一个非常善于跟员工讲故事的人。在汉庭刚刚建立的时候，我告诉大家，我们要做中国酒店业的领先企业；上市后，我又提出成为世界住宿业领先集团；今天，我又告诉大家华住要做世界酒店业第一。每次我这么说，大家都将信将疑。我就会拿出有理有据的分析来，而且还有路线图。当我们一步步实现了传说中的故事，团队就更加有信心，就会更加坚定地跟随你去奋斗。

给媒体的故事要"语不惊人死不休"。携程的时候，我讲过"携程是旅行社的掘墓人"，这句话至今仍然振聋发聩。我们要尽量跟热点靠近，迎合媒体和大众的兴趣点。毕竟，像苹果这样能够制造热点的公司是凤毛麟角。

最重要的故事是要说给客户的。比如汉庭的"上好网，睡好觉，洗好澡"，全季的"简约"生活，海友的"四海皆朋友"，漫心的"浪漫之心、散漫之心"；禧玥的"轻奢华"，等等。每一个品牌都要找到独特的诉求点，它可以是客户的痛点，可以是品牌的特点，可以是打动客户内心的一句感性的话。

当然，最重要的是故事和实际相吻合，最忌讳的是讲得多，做得少；故事天花乱坠，实际一塌糊涂。这样的故事没人信，这样的品牌不会持久。这也是某些先品牌后产品酒店的致命弱点。

在讲故事的时候，也要注意分寸和火候。往往要做的不说，说的是我们做过的事情，至少是正在做的事情。不能撒谎，但是可以不说，或者不全说。战略目标过早地暴露，也会给同行和对手提供火力点。

6. 团队

创业团队的组建，在创业初期尤为重要。

在创业初期，不能用高薪去招募人才。用高薪招募来的人才往往也经不住创业的折腾。

吸引人才最关键的是感召力。我们要用理想、梦想，要用我们的个人魅力去感召人加入初创公司。所以创业初期的员工，往往比较感性，在专业性和知识结构上，不一定是行业内最杰出的人才，有些甚至是有明显缺点的。

对于有明显缺点的人，我们要用人所长，容人所短，每一份资源都极其宝贵。

对于充满激情但不够成熟的团队成员，要多沟通，多锤炼。利用我们自己的个人时间和情感，多和团队交流。聚餐，郊游，读书，学习小组，培养共同的兴趣爱好，比如跑步、足球、羽毛球等等。

创业对人的锻炼是非常大的。许多人通过创业飞速地成长。今天中国许多成功的企业家，大部分不是来自大企业，而是从小企业成长起来的。比如马云的"十八罗汉"，华住的大部分高管。

对于关键人才，没法给予高薪酬，但是不能忽悠他们，要跟他们分享成功的革命成果。期权是好的工具。资产重的，期权可以少一些，5% 以内是合理的；人力资源重的，10%—20% 也是合理的。

在创业初期，激情是非常重要的，激发激情是领导者的重要任务。保持和维护激情同样重要。读书会、学习小组，甚至啤酒会、野外拉练，都是保持创业激情的有效渠道。办公室晚上灯火通明，周末、节假日加班是常态。创业公司没有什么加班的说法，创业公司的字典里是没有这个词的。

7. 竞争对手

谁是我们的朋友，谁是我们的敌人，这是革命的首要问题。谁是我们的盟友，谁是我们的竞争对手，这也是创业的首要问题。

竞争对手除了时刻提醒你努力上进之外，还定义了你的边界和扩张战略。

如果在一个领域，某一个竞争对手的规模已经很大，创业的困难度就会很大，比如BAT，比如携程、华住这样。但是，随着技术的发展、商业模式的演进，借助新技术或者新模式，颠覆这些霸主也是可能的——比如去哪儿、美团、京东。

在传统行业创业，不能光靠时髦的词和噱头，要凭真才实干，要有真材实料。往往效率、成本控制、执行力这些基础的东西很重要。

在传统行业创业，也要借助流行的概念，利用流行的概念。这在融资、传播、吸纳人才的时候，都很有用。比如，携程的早期，实际上就是一个呼叫中心为主的传统酒店中介，但融资的作价是互联网企业的作价，宣传上也充分利用了互联网的泡沫和潮流。包括人才的吸引和激励机制，都充分地用足了互联网概念。

发展的节奏和策略也要针对竞争对手来制定。最理想的状态是又快又好，但是如果对手太快，我们必须跟他们在一个数量级上，不能苛求品质，输了速度，赢了战术，输了战略。IBIS（宜必思）就是这个方面的例子。

不要跟竞争对手针尖对麦芒，要学会错位和差异化，拼钱、拼血、拼刺刀不是很好的竞争策略。汉庭在如家转战二三线城市的时候，固守一二线城市，占领吸引眼球的建筑物的策略就很成功。南方的城市便捷，在我们发展薄弱的地区，比如广西、湖北，认真研发适合三四线城市的产品，充分地占领这些地区，也是一个成功的竞争策略。

2014 年 9 月 20 日

企业家和专业管理者

只凭借企业家精神的创业者，如果没有系统的管理经验和知识，要造就一个大企业很困难，风险很大。而专业管理者在草创期优势不强，甚至会碍事。不管是有意无意，我的这三个企业都将这两者结合得很好。

创始人通常有市场营销、技术、特定行业等背景，对市场和产品很热情，对企业日常运作不感兴趣。通常，他们自认为比别人聪明。他们极富冒险精神，做事雷厉风行，个性鲜明，缺点和优点一样突出，喜欢以自己的方式行事。

他们对企业往往采取开放式承诺，这意味着他们的企业不仅仅消耗掉他们生命中的大部分时间，而且往往企业就是他们的生命。有许多人将经营企业看作是场有挑战的游戏，也是个人深层次快乐的源泉。

专业管理者（大多数用"职业经理人"来称呼）大多受过良好教育，许多毕业于美国名校，在跨国企业任职多年，受过系统的专业训练和熏陶。理性、客观，重数字和逻辑。在激情、冒险、果断、创新和宏观视野上往往和创始人不太一样。

国内有些民营企业，创始人（大多数也是企业的老板）往往重权力和裙带，不信任外来的专业管理者，不轻易放权。在经理人和家族成员或元老的碰撞中，他们总是偏袒自己一方。这样，外来的管理者就发挥不了应有的作用。如果强行推行一方的政策，就会有许多不愉快，最后总是经理人失望地离开。

也有一些职业经理人，尤其是被风险投资主控的创业企业请来的，会抹杀创业者的所有贡献，放大公司的问题，将问题全部归于创业者和前任。有些甚至试图绑架企业，为自己的职业生涯镀金，谋取个人短期利益。

在中国，企业家和经理人都是宝贵的稀缺资源，应相互尊重，平等相处。不要"有钱人"看不起"读书人"，也不要"海龟"看不起"土鳖"。这两种人谁也代替不了谁。如果不遵循这个规律，就会付出惨重的代价。

在中国目前这个野蛮、快速生长的商业环境里，相互学习，共同成长，才能双赢。在当前的商业生态环境下，一个理想的企业家应该贯通中西。不仅要熟悉本土的商业逻辑和环境，还要深谙东方历史文化和传统；不仅要懂得西方做生意的语言和规则，还要学会运用现代企业的高效管理手段和工具。

所有的企业根子上是股权结构。VC、PE占70%的公司和创始人占70%的公司，在许多根本性的问题上是不一样的。有什么样的股东，就会有什么样的董事会，而管理层就是执行董事会决策。公司的战略、经营目标、价值观和文化也是和股东的意志相呼应的。

因此我认为，一个理想的优秀企业，应该有一个压舱的大股东，结合专业管理，方能强大、持久和稳定。一个没有灵魂和理想的企业，只会变成冰冷的赚钱机器和造富工具。

2018 年 4 月 25 日

时代和传奇创始人

　　这个时代，创始人常常被扣上"传奇"的帽子。其实，所谓传奇，是时代和时势创造了你。

　　拿我个人来说，我是个农村孩子，可能稍微聪明点，没有长得特别帅，也不是天生就富有魅力。在我看来，很多创始人、"传奇"的企业家，把衣服脱光了，扔在一个大澡堂里，大家是差不多的，谁也没有三头六臂。被称作"传奇"，是我们创造的企业、外界对我们的宣传，以及我们的一些思想给社会带来的影响力造就的。

　　另一个原因是，在这个充满变革的时代，领袖人物的确是很关键的。

　　假设在一个风平浪静的环境，比如说在一个每年增长 5% 到 7% 的西方国家的大公司里面，外部环境四平八稳，内部也没有什么变革，我认为像我这样的人，估计没什么大作用。我的 CEO 肯定比我更适合当老大。而中国这样一个有着太多变化的环境，需要我这种人。

　　我们这些人的特点是什么？就是危机感非常强，而且极其敏感——危机，就是危险和机会。艺术家有着对情感的敏感，我们是对商业环境非常敏感。这种敏感度，我认为是长期的思考，和不断地在生与死，在困难、折磨中煎熬，练成的直觉。

以我个人为例，我不会整天去关注订房率、股票这些细节，我持续关心的是整个消费的趋势变化。如果我麻木了，敏锐度不够了，变得主观、封闭、不开放，有可能会影响到企业的走势、方向。

创始人常常有一些看起来是"非理性"的判断。我的很多观念，不是在哈佛课堂上学的，而可能是通过看佛经，或者从日常生活中得来的，也可能是跟艺术家聊出来的，或者跟健身教练聊出来的。

比如最近我的普拉提教练跟我讲，要用最少的力气做最好的动作。他这句话一下子就点醒了我。一个好的动作，一定是用最少的力气来做的，用最大力气做的动作肯定是不好的，至少不能持久。因为这个动作可能是代偿的，有你不知道的消耗在。道法自然，自然里的一切都是和谐的、完美的。所以好的动作一定是不费力的。

这几年，我慢慢开始接受一些非理性的东西。有时候，我跟 CEO 讨论事情，到最后争不下去了，她会跟我说，你说的我不太能理解，我也不太赞成你的观点，但是你正确的概率比较大，听你的。创始人有这样一种能力。这大概也是"传奇"所在。

但是，我们千万不要忘记，是这个时代创造了你，而不是你创造了这个时代。个人在整个社会里总是渺小的，哪怕是个英雄人物。

单个的英雄人物创造不了历史，历史是许许多多的英雄和人民一起创造的。

2018 年 4 月 18 日

创始人要深度沉浸于产品

创业过程中，对创始人来说很重要的一点，是要深度沉浸于你的产品。

我们酒店过去所有的直营店，我都亲自去现场看过。很多经验和思考，也是从这种反复的观测、思考中得来。比如排房，一般人是在两面承重墙之间划出两间房。比如两面间隔七米的墙之间，就能开出两个各三米五宽的房间。但有没有可能错开这个墙来排呢？两个柱子间如果是八米的话，一半四米，房间就太大了。还有的房间可能特别宽，怎么办？或者如果遇到排下来其中一个房间是暗房，怎么办？

这其实就是几何。切来切去，看怎么切最有效果。

设计方面，做汉庭的时候，我意识到，现在的很多产品不能一味追求成本低，而是应该做得漂亮，注重审美潮流。比如，那时候已经不适合把太鲜艳的颜色涂在墙上，而是需要含蓄的。

早期，汉庭在吴中路开门店，也是我去看的现场。那个结构相对复杂，特别难排房。它的楼中间有个天井，后来我创造了一个拐弯排房的方法，充分利用每个空间。我把其中一个特别长的房间变成套房，最后很舒服。那个房间是卖得最好的。我在房间里放了两米宽的床，平常一米八的床在那个空间里显得小，两米的床，客人开心，房间也显得更加匀称。卫生间的设计，我也参与其中。之前我们曾经用玻璃来分割厕所和淋浴房。但玻璃打扫很麻烦，而且在冬天让人感觉很冷，觉得不舒适。后来我把这个改掉，不再用这个设计。

我不太相信咨询公司和市场调查的结果。我认为一个企业家的优秀之处，就是切身的感受能力。市场调查，如果调整调查参数，完全可以得出不一样的结论。

做市场调查，我们能找多少人去做这个问卷呢？再者，你找的人是对的吗？如果他不是我的目标客户，那肯定问错了对象。如果要做汉庭的市场调查，你就得问一个刚刚毕业一年的，在靖江或者淮阴工作的年轻人，这样的调查方向才对。如果是全季，又要问不同的人。

我身边的人跟我一样，产品研究都非常深。我常跟张敏说，一个酒店公司的 CEO 如果对产品没有深入了解，很难成为一个好的 CEO。

创始人只有深度浸润到你的产品中，才能够找到未来的方向。

2018 年 4 月 21 日

预期未来的经验

开始创立汉庭的时候，我提出了汉庭的三年、五年计划，什么时候开多少店，什么时候上市，这些时间节点，都计划得非常详细。

很神奇的是，这些时间节点，后来都被一一验证了。

我想，我的计划精准，不是因为我比常人更具理性，而是源于我对整个事情的思考过程。

在做汉庭前，我已经创始了如家，所以很多弯路和挫折，我知道如何避开。在思考汉庭的时候，我的脑子里有了一幅图画，环境发生了什么变化，产品需要做哪些调整，都很清晰。有了产品，哪一年开多少店，投多少钱，需要多少人，需要多少资金，我们自己能带来多少现金流，这个账马上就能算出来。之后，融资的节奏也就有了，上市的规模和日程表也随之清晰地浮现出来。

到了实践的时候，有时候现实会落后于脑海里的场景，那么你就需要加油。有时候我觉得发展速度太快了，影响了产品质量，就减慢速度。比如有一个阶段，我们在一线城市的扩张太快了，就马上把一线城市的投资减少。就这样来来回回，加速减速，使得整个企业有张有弛有节奏地往前走。

计划被现实如此精准地验证，可以说是一种巧合。而这个巧合的背后，是长期的思考、经验的整合。

这一点，我认为和一个好的医生所实施的治疗有共通之处。一个好的医生刚碰到一个病人的时候，会有自己的规划，而最后的治疗结果跟规划往往非常接近，或者超过这个规划。他有经验，知道自己的治疗方法、使用的药物能够对病人的身体产生什么样的作用。这种治疗要面对不一样的个体，不可能每次都成功，但能够做到 90% 的成功率，就是好的医生。

我们酒店的名字都是我取的。如家、汉庭、禧玥、华住……都是我想的。我的文采并不好，但我觉得我取的名字还挺好的，因为我思考的时间足够长。就像小时候做几何题，没有我做不出来的。为什么呢？我吃饭的时候在想，上厕所的时候在想，睡觉前还在想，想不出来，我是不会放弃的。一直在想，总能想出来，它无非就是那几个模式。这跟商业很像。

预想能够成功，是因为我在这个事情上投入了全部的心力。当一个人很专注，而且专注的时间足够长的时候，奇迹就会发生。

2018 年 5 月 5 日

大连锁管理

我从事连锁企业经营管理十几年，虽然是在酒店业，但是整理总结一下心得体会，对其他连锁企业应该也是有借鉴意义的。

我认为大连锁管理主要是从四个方面入手：理念、经济、技术、社群。这四个方面正好对应人类最典型的四类组织原则的精髓：理念对应宗教，经济对应商业，技术对应军队，社群对应家庭。

1. 理念

理念最为重要，可谓一个组织的灵魂所在。一个宗教组织主要靠共同的信仰来维系，这种信仰往往触及根本，比如生死、意义、灵魂等。这种形而上的认同，超越所有可能的形而下，因此更持久和可靠。几大人类的宗教组织都延续了几千年。

商业连锁虽然是一个商业化组织，理念同样头等重要。

一个企业的价值观决定了这个企业所有的可能性。比如，企业的目的是什么？是为了圈钱上市还是缔造伟大？比如，企业如何看待客户、员工、股东和社会？是善待员工还是拼命地盘剥？是欺骗客户还是为他们带来价值？是自私自利地苟且还是崇高地创造美好？

连锁企业分布在众多不同的地理位置，员工分散，来自不同的背景，家庭、教育、宗教、性格等千差万别，推行共同的价值观看似是很挑战的事情。

其实，每个人心里都渴望某种崇高和伟大，渴望能够找到可以为之付出一生的使命。平凡的生命只有融入到伟大里面，才能不孤独，才能找到意义。

在大连锁里，面对多层次的广大人群，价值观的阐述和表达要简单明了，口语化，口号化。除了铭记在心，墙上张贴、名片上印刷都是可行的方法。

以华住企业理念为例。

创始人的初心：一群志同道合的朋友，一起快乐地成就一番伟大的事业。

价值观：求真、至善、尽美。

愿景：成为世界级的伟大企业。

使命：成就美好生活。

2. 经济

作为一个商业机构，利益分配的设计当然重要。大的方面在客户、员工、股东之间的利益权衡。想多赚客户的钱，价格高了就失去竞争力，太低了，企业就没有利润；员工的福利、待遇也是要恰当、适中。比如我们华住有六万人，每人每天增加十块钱的伙食费，全连锁全年就将近二点二亿。但是，太苛待员工，除了没法提供让客户满意的服务，能不能招到合格的人都成问题。这几年人工成本涨得很厉害，未来还会继续上涨。我们的薪酬无法做到远远高出同行，只能做到略高于行业平均水平。股东的利润要在平衡好客户和员工的利益后才能有所体现。

大连锁的每一个门店都是一个有机的经济体，牵涉到业主、员工、客户等诸多方面的利益分配。如果没有一个清晰明确的利益分配系统，无法进行复制连锁，那么许多门店都会亏损、衰败。一旦大部分门店无利可图、无人可用或者无人光顾，这个连锁也就无法维续。

获取物业时，许多时候是跟所有的业态竞争。坪效高的挤走坪效低的，品牌强的挤走品牌弱的。在许多大的商业中心的餐饮区域，这一点特别明显。大部分商业中心的业主招商的时候对品牌有要求，不好的品牌不让进；你即使进来开店了，客单价和客流量不够，也无法持续经营下去，最终将面临关店的命运。所以，大连锁的经济账得过硬，经得起考验。

在不同员工的利益分配里，绩效考核是必须的。多劳多得，少劳少得。贡献大的多得，贡献少的少得。比如我们客房服务员采取计件制，我们前台售卡采取提成制，我们门店店长采取平衡计分卡。不同岗位的不同考核方法是为了奖勤罚懒，使得员工的利益分配基本公平合理。

在华住体系里，首先是要保障客户——客人和加盟商的利益。我们以尽量低的成本，为客人提供价格合适的产品。比如我们尽量少用中介，而是实价销售，就是在流通和渠道上做到高效、低成本，为客人减少不必要的附加成本。至于不盈利的加盟店我们是否接受？答案是显而易见的：业主不盈利，如何保障员工的基本利益，如何能够做到持续经营，又如何给我们品牌和管理方带来利润？所以，我们在发展中，会对业主成本和投资回报进行有效评估，不能盈利的酒店不予接受，因为违反了最基本的商业原则。

对于员工，除了给予略高于市场平均值的薪酬之外，我们更多地通过技能和职务提升，不断提高骨干员工的待遇。这样的策略在高速发展阶段非常有用。在新常态下的发展速度下，应该转换成：依赖精耕细作对于效率和收入的提升，来跟员工分享成果。

股东的回报目前主要是通过股价的上涨来实现，同时我们每年基本都有一定比例的分红。虽然企业处于不断的发展中，需要尽可能多的资金用于扩张和投资，但是对于股东还是要保证每年有一定比例的分红才对，这实际上也是股东对于投资最原始的目的。

中国的优质供应商不多，品质要求稍有提升，成本通常会剧烈上升。因此在供应链上，更多的是通过利益来调节，才能吸引和保留优质合规的合作伙伴。当然，大的采购量增加了谈判砝码；对于效率低的供应链的渗透，帮助他们提升效率，也可以保证在不损害供应商利益的前提下，降低我们的成本。

至于一个盈利良好的企业，对国家和社区的贡献我就不多说了。在社会核心单元已经是一个个商业机构的市场经济环境下，怎么强调企业的盈利能力都不为过。除了税收，对社会的贡献还在于提供就业机会、维护稳定、提升生活质量（服务业）、建设能力（制造业）等等。

3. 技术

现代的大连锁，没有恰当的技术工具和手段，基本上没有办法正常运作。

我这里所指的"技术"实际上是两类不同的管理工具。一是现代企业通行的层次架构，由总部、分部、区域、门店等组织框架组成，有流程、管控、审计、审批、考核等规范和制度。

现代企业，当然包括区域分散的大连锁，它需要用某种方式组织起来，这种方式既不同于家族式的种姓方式，也不同于游牧式的随机组合。自上而下，自总部到门店的中央集权式管理方式是目前通行的组织形式。其好处是通过连锁网络，可以获取总部"关键少数"的抽象思考和智慧，许多公共职能可以高效、高品质、低成本地"共享"和"复用"。坏处是容易僵化和教条。

所以，如果能在大方向一致的前提下，充分调动一线的思考和创造力，发挥连锁组织所有人员的智慧和力量，那将是一件非常了不起的事情！

另外，传统现代企业的架构，有没有可能因为移动互联网等技术的普及，变得更加扁平和直接，减少中间层级，赋予终端更多自主权？

这两种设想都是我们要在未来管理实践里去探讨和试验的。

"技术"的另一层意思是指以 IT 技术为主的最新科技，包括

IT、通讯、传感器、控制器、机器人等。

在包含众多物理点、海量信息源的大连锁系统里，我们没有办法穷尽所有的细节，但为了保证服务品质和对连锁门店的把控，我们有必要有效地收集和使用这些信息。其中最有效的办法就是 IT 技术。可以这么讲：现代连锁的建立是由 IT 技术支撑的。不管是沃尔玛，还是银行业，当然还有华住这样的连锁酒店，在后台都有一颗非常强大的 IT 心脏在支撑，否则，"连锁"将会不"连"，更谈不上"锁"。

云端概念的运用是整个 IT 技术里非常关键的一个点，特别适合多地域、分散式连锁企业。数据集中，便于分析挖掘；应用软件维护修改容易，方便部署和实施，而且可以做到初始设置和边界条件的差异化，做到不同门店的个性化和定制化；安全性、稳定性增强，避免了门店数据破损的风险；门店硬件成本大大降低，维护成本几乎为零，对于大连锁来说，投资和运营成本都能有效地降低。

IT 等技术，在减少管理复杂度上也功不可没。可以将许多成熟的流程和实践，通过软件固化下来，这样可以省却新员工的培训，降低员工的任职要求。

毫不夸张地讲：一个优秀的连锁企业，一定有一支优秀的 IT 团队。而 IT 项目必须是一把手工程，必须是内部研发为主。那种扔给 IT 负责人（不管叫啥抬头）、扔给外包公司的做法，既不负责任也不可能取得好的效果。

4. 社群

中国是一个人情世故观念非常重的国家。在从祠堂走向办公室的过程中，许多人的内心深处还残留着乡情的余温。

大连锁企业跟其他企业一样，老乡、同学、师徒、同事、朋友等小社群也相当有影响力。我们经常发现，如果一个门店的员工团结，这家门店往往业绩和服务就都好。

海底捞是一个将小社群运用得特别好的企业。一开始的时候都招聘四川人，本乡本土，团结凝聚，一致对外。还把奖金寄给妈妈，有效地获取了家庭成员的支持。

只要是人类的组织，这样的民间社群不可避免，其虽然从某种意义上削弱了连锁的一致性，但是，一味地压制和打击不是办法。善加利用，进行正确引导和运用，能够起到事半功倍的效果。

比如，可以通过老乡关系招募客房服务员，她们在一起还可以相互帮助，传帮带；可以通过师徒关系带干部、培训员工，师父有成就感，徒弟感恩，在连锁里共事更融洽；同一期培训学院出来的，相互了解多，除了友谊竞赛外，大家碰到问题和困难，更容易相互帮助。

只要能够将工作做好，拉帮结伙不是坏事儿。在偏远的散落的连锁门店，这些活跃在基层的社群是人文温情的体现，我们要尊重并加以引导，使之成为连锁稳固的黏合剂。

连锁管理的所有落脚点都是门店。总部权力范围尽量小，部门尽量少，成本尽量低，能够社会化的尽量社会化，有竞争力优势的职能部门甚至可以给其他企业提供服务，变成本中心为利润中心，甚至分拆单独上市。

这四个方面是一个有机整体，缺一不可，但是可以在企业不同时期、不同地域、不同商业领域中各有侧重。管理的艺术性就在各个方面的配比里。能够创造出最大价值，就是最好的配方。

以共同价值观为指引，充分利用已有的技术手段和工具，调动社群到与企业目标一致的方向上，激发一线的积极性和活力，以实现商业机构的价值创造，并跟所有价值创造者分享价值。这不仅是大连锁企业的管理之道，也是所有企业的管理之道。

2014 年 10 月 6 日

三、华住哲学

华住精神是"狼性"和"龙马精神"的结合，我们不能没有了狼的进取和凶猛，同时也要具备马的坚韧和龙的大气。

注：此部分为作者 2014 年总结集团管理经验的文章合集，2018 年 2－4 月作者对它们做了修订和补充。

企业哲学

　　胡适阐述、后来为国民党部分接受的实用主义及逐步进化方法，与中国共产党采用的马克思主义的革命方法——从1921 年以降的中国近代史，主要是这两个党派及其不同途径斗争的历史。

——徐中约《中国近代史》

　　这些问题（具体国际事务）不是在我这里谈的问题。这些问题应该同周总理去谈。我谈哲学问题。

——1972 年毛泽东会见尼克松

　　不管白猫黑猫，抓到老鼠就是好猫。

——邓小平

　　求知若饥，虚心若愚。

——史蒂夫·乔布斯

　　"知行合一""致良知"。

——王阳明

一个王国、一个企业，一个政治家、一个企业家、艺术家，他们的成功和他们在历史中的位置，是由他们的哲学决定的，不是枪炮、不是强权、不是金钱，也不是人格魅力。

马云开始做阿里巴巴的时候，也许没有想到这个企业会做到今天这个地步。但是他立意很高，是个很有思想的企业家，也是个很有人文精神的人。他说要"做一百零一年企业"，做一个跨世纪的公司。

上海滩曾经有过很多首富、大王，这些企业家给人们留下深刻印象的并不多，更不用说留下思想理念了。没有很高的理念、很深邃的思想去支撑，企业是走不远的。

企业要走得远、做得大、长得高，必须要有一些人文的东西在里面。不能光是商业，光有商业这个企业会比较脆弱。单纯为了利而来，为了利而去，没有信念，没有理念，企业会很脆弱。

一个企业能够走多远，能够有多强大，是由这个企业的思想和这个企业的哲学决定的。思想和哲学的高度与深度，决定了这个企业的力量和潜质。

关于企业宗旨，时髦的词是"文化"。许多企业家和媒体都用"企业文化"来泛指企业的最高宗旨。这不够准确。"文化"这个词太大，被使用得太滥了，不够精确，还有些矫饰和肤浅。文化是哲学的表象，不是机理。

一个企业的哲学，和创始人的人文思考分不开。创始人如何看待人生，如何度过自己的一生，如何看待世界？他的哲学观、人生观、世界观、宇宙观，决定了一个初创企业的哲学。

1. 我的生命哲学

我自己的生命哲学，从真、善、美开始。

这是我生命哲学的汇总，也是我做这个企业最根本的出发点。

人首先必须求真。不知道什么是真理，就不能辨别善恶，也就没法在有限的生命里创造美好。

人到底是什么东西？在宇宙中我们是什么地位？

从空间上看，人太渺小：地球直径近一万三千千米；太阳是地球的一百倍；银河系中，有一千多亿个太阳；宇宙至今所知，有十亿多个银河系。人在宇宙里就是个尘埃，甚至在宇宙的尘埃里，也只是一个非常微小的尘埃。我们常常觉得自己就是宇宙的中心、世界的主宰，但从宇宙的维度来看，人类是非常非常渺小的。

从时间上看：地球已活了四十六亿年；太阳寿命大致为一百亿年，目前太阳大约五十亿岁；根据宇宙大爆炸模型推算，宇宙年龄大约一百三十八亿年。假如一个人活到一百岁，一百除以一百三十八亿，亿分之一还不到。

在这么短暂的时间里，人类的终极命运还不可知。霍金预言一千年内人类将灭亡，除非能殖民外太空。

按照广义和狭义相对论，连时间和空间也是相对的。我们活一百岁，在另外一个时空看，可能只过了一年，甚至一秒。我们所说的几千公里，在光速级的空间里，只是几米，甚至更短。

在时间里看，我们很微不足道；在空间里看，我们很渺小；

甚至我们这么确定的时空也是不确定的。

对宇宙的这些最根本问题，无数伟大人物也都思考过，纠结过。不管是谁，都回避不了对这三个问题的思考："我是谁？我从哪里来？我到哪里去？"

我是谁？我是地球上人类的六十亿分之一。如果算上地球上有人类开始到现在的人口——大约一千亿，那我是一千亿分之一。我们没有什么特别的。不管多么伟大的人物，都只是历史长河里一千亿分之一而已。

我从哪里来？我到哪里去？我们都是来自宇宙的物质、能量和灵魂。虽然对于有没有"灵魂"的答案不是很肯定，但随着年龄的增长、知识的积累，我反而对这种可能性抱着更加开放的态度。我们的肉体消亡以后，回归于宇宙的物质、能量和灵魂。不管灵魂有还是没有，我们都是宇宙的过客，从哪里来，到哪里去。

生命的意义在哪里？如何度过自己的一生？听上去如此悲观的生命，有什么意义吗？我认为，生命没有本体的意义，"意义"是由客体定义的。客体不同，意义不一样。生命只是"过程"，不是"意义"。

既然是过程，就要考虑如何度过。

许多人没有认真想过怎么度过自己的一生，只是希望能够活得长点，吃得好点，住得好点，钱多一点，官大一点，基本上是浑浑噩噩地过。但既然生命是个过程，那就该活精彩了，活畅快了，活淋漓了。我为什么创业多次，不停折腾？也是基于这样的人生思考。既然在世上走一趟，为什么不去探索各种的可能性？为什么不让自己的生命之花尽情绽放？

也正是基于这样的理解，我得出自己的事业理想："一群志同道合的朋友，一起快乐地成就一番伟大的事业。"

人在茫茫宇宙里微不足道，生命如此短促，"譬如朝露"。既然上帝给了我们生命，为什么不善用这些"物质、能量和灵魂"？为什么不在有限的生命里做点事呢？我们每个个体是如此孤单。我们渴望爱和被爱。我们需要别人，也希望自己被需要。如果一帮人怀着相同的价值观和理想，手拉手做自己热爱的事情，成就一番事业，是不是可以赋予"过程"一些意义呢？是不是可以在孤单生命里感觉到一些温暖，感觉到一些爱呢？

因此，我的生命哲学可以概括为六个字：求真，至善，尽美。追求真理，到达善的境界，追求生命中极致的美。

这些对生命意义的终极思考，大多数是年轻时在大学草地上的思考和领悟。虽然经过若干年的磨砺，有更多的提炼和升华，但我的生命哲学没有本质的改变。我以后的人生基本是按照这样的哲学体系在实践。华住哲学就是我的生命哲学在企业中的应用，是我的生命哲学的延伸。

2. 华住的使命、愿景与价值观

华住哲学的根本点是愿景、使命和价值观。

我们在给出答案之前，必须首先思考，为什么做企业？企业的目的是什么？企业的意义是什么？

大多数人认为，做企业是为了赚钱。这是做企业的表层目的。赚钱以后呢？还是赚钱？许多人成了钱的奴隶。实际上，财富只是社会给你的一个数字标签，是社会奖惩体系的一部分，是物品交换的媒介。它是企业的目的之一，但不是根本目的。

管理大师德鲁克认为企业的目的在自身之外（这和我"生命没有本体的意义"类似），认为企业的目的是"创造顾客"。这个道理比较高深，普通人不容易理解。为了探究企业更深层次的意义，有必要回顾历史，有必要跟西方做些对比。

中国传统上一直看不起商人和商业。阶层排序"士农工商"，生意人从来都排在最后，被人看不起，被认为"无商不奸"，开餐馆、客栈的都被叫"店小二"。

从明朝的心学开始，士大夫们对商人的看法才有所改善。这要归功于王阳明。他提出商人和其他人一样，都可以成贤，都可以成佛，人不分什么三六九等。但后来的社会对阳明心学这一部分的理解和重视并不够，没有能够逆转轻商的社会习气。最近一次对商业的鄙视来自"文革"。

历史上主宰中国发展最重要的规律是"王朝周期律"：每隔若干年，一个朝代会崩溃，被另一姓氏的王朝替代。

为什么西方没有经历这么剧烈的动荡和不断的重启？西方的商业规则比我们早得多，商业是最好的避免暴力革命的手段。如果中国的市场经济能够很好地发展，革命的概率就会减少，改朝换代的周期就会延长，直至消失。

熊彼得说过，资本主义的典型成就并非在于为女王们提供更多的丝袜，而在于能使丝袜的价格低到工厂女工都能买得起的程度。这句话说得非常好，用直白的语言点出了生意的意义。

我认为商业是通过对创业、创新者的利润激励，造福于绝大多数人。商业是推动整个社会进步、改变社会不公的手段之一，是效率最高、破坏最少的手段。

我们做生意是为了社会的进步，为了让这个社会公平，为了更多的人能够过上好的生活，这才是生意（企业）的根本目的。

基于以上对企业目的和意义的思考，我们认为华住的使命是：成就美好生活。

当人们在旅途中、在路上，我们的酒店就是他们休息、工作、吃饭、睡觉的居所。我们从事的是贴近百姓日常生活的"衣食住行"行业，和生活质量密切相关。有多少旅途中的人们，因为我们的现代连锁酒店，花费不多的钱，就可以在旅途中安心地睡觉，舒舒服服地洗澡，享受着高速 wifi。因为我们的努力，人们提高了他们的旅途生活质量。

华住，为旅途上的人们成就美好生活。

我们的员工因为华住这个平台，可以有施展才能的地方，可以参与到一番伟大的事业里，可以靠自己的奖金、股票和期权，买上别墅，换上好车，给出国留学的孩子筹措学费；更多的基层员工，可以在一个相互尊重、友爱的氛围里工作、生活，可以用薪水供养父母、抚育子女、改善生活。

华住，为我们的员工成就美好生活。

加盟商通过加盟华住的品牌，获得稳定可靠的投资回报，省却了繁琐的酒店日常管理工作。

华住，为加盟商成就美好生活。

华住的供应商、合作伙伴，通过与华住的合作，达到共赢的结果，双方相互信任，相互支持，共同成长。在成就华住伟大事业的同时，也成就了他们自己。

华住，为合作伙伴成就美好生活。

华住健康发展，投资人购买股票，投资华住，回报也是丰厚可靠的，他们的生活一样美好。

华住，为股东成就美好生活。

华住发展壮大，提供几万人的就业，数十亿的税收，环保绿色，对于社区和国家也是非常大的贡献，是社会健康向上的细胞。

华住，为社区和国家成就美好生活。

华住要在自己身边形成一个良性循环的生态链，这个链条上的每一个单元，都快乐、健康、幸福、美好，充满正能量。我们都怀着同一个理想——让生活更美好。我们对企业的理解，不是简单将之看成"赚钱"或者"创造客户"，而是从更高的层面看待它。企业跟宗教、艺术一样，服务于人，让人们快乐，让生活美好。

如果企业和生命一样，都没有本我的意义，只是个过程，那么除了让这个过程美好快乐以外，如果有机会，就应该达到应有的高度，追求那种极致的美。

现在，华住只能说是一个优秀的国家队，离"世界级"和"伟大"还有距离。华住人永远追求卓越，取法乎上。在新形势下，我又提出了一个更高的目标：华住要成为酒店业的世界第一，要成为千亿级的公司。因此，我将华住的愿景描述成：成为世界级的伟大企业。

我将自己的生命哲学，同样应用到华住的价值观上。华住的价值观就是对真、善、美的追求。

华住的真，是基于对生命意义和企业目的的理解得来的，也就是我们对于华住使命的理解——成就美好生活。

华住的善，是平等、共生、大义、大爱。

华住的美，是简洁而不繁复，朴素而不做作，圆润而不突兀，合适而不铺张，随性自在而不妖娆。

对应于华住的真、善、美，我总结出华住的"四德"：

朴（真）——简朴、执中

恭（善）——尊重、友爱

勤（善）——敬业、卓越

乐（美）——快乐、自在

华住的真、善、美，和对应的"四德"，就构成了华住基本的价值观，不管对人、对事、对客户、对产品，还是对整个华住生态链都适用。

华住的审美

我曾经信奉一句话：只有偏执狂才能成功。我念书的时候，成绩是蛮好的。后来考上交大，看哲学书的时候，也看了一些很偏的哲学。像尼采、叔本华、斯宾诺莎，他们的思想都是很极端的。尼采认为自己是太阳，有人说他是神经病，我不这样看，他只是不能为常人所理解，而常人喜欢把他们不能理解的人定义成神经病。看《查拉图斯特拉如是说》，我发现他是天才而抑郁的。那样的文章不是写出来的，是从脑子里流出来的。他描述的那个场景特别美。这些很偏颇的观点——包括悲观主义，觉得这个世界很虚无——在一段时间对我影响很大。后来我看王阳明，发现中庸的东方智慧特别好。所有的事情实际上是个平衡的艺术。如果全是精神，全是灵，那是清教徒。如果全是肉，就变成掉进卡拉OK里面整天找乐子的那群人。做人，做酒店，我都讲求平衡。平衡能令事物的结构稳定，令它更持久。

我曾经写过一篇文章，叫"酒店十宗罪"，列举了我心目中欠缺节制的酒店设施和服务。当中，我批判了浴缸，认为它是典型的累赘。浴缸的边是斜的，客人容易摔跤，有安全隐患；它为多人所用又会与身体接触，消毒、水电需要很大的维护成本；它的使用率非常低——商务酒店只有10%不到的客人会使用它，度假酒店也只有20—30%；它的造价很高——如果买一个科勒，要好几万。我还批判了那些特别大的酒店大堂和公共区域。事实上，纽约和伦敦的很多酒店，还有法国的大部分酒店的大堂都小而精致。大堂的目的是迎宾，欢迎客人，为客人办手续，后来蜕变成一种排场的显示。这个风气是从凯悦开始的，他们把大堂做得特别高、特别气派，就像教堂一样。这其实是一种浪费：空间的浪费，建设的浪费，装修的浪费。

后来我做全季。全季的审美是中产阶级的审美。对中档酒店来说，多余的东西应该都去掉，核心的东西应该做得尽可能到位。曾经有个朋友给了全季这样一个评价：一分也不多，一分也不少；我要的都有，我不要的都没有；价格也不高。我觉得讲得非常好。但去掉哪些，保留哪些，其实要经历非常复杂的思考。我们看到的最后的简单和平常，背后实际上有非常复杂的权衡过程。

全季和汉庭原来用地板。我们不用地毯，地毯太贵，还不容易打扫。我们也用不起实木地板，而用复合地板。复合地板的噪音太大，如果有水在上面容易变形。后来我们选了一种波绒地毯，不怕水，不怕烫（地毯很容易被烟头烫坏），地暖很容易透上来，没有噪音，没有味道（木地板会使用到胶水，有刺激性气味，对环境也不好），价格也可以接受。这是我们在选材上的一个重点，没有奢华感，但绝对得体。

我们有很多这样独特的方法。过去的酒店都是用房间的大小来界定档次，档次越高房间越大。但在上海、北京这样的城市，房间太大我们支撑不起这个卖价。我们就用小空间，但是把里面的设施做得很棒。例如为马桶加上电热的垫圈和自动清洗的设备，在洗脸台加化妆镜，用屏幕更大的电视，把各种各样能提升客人幸福感的设施加进去，使这个小空间特别温馨、舒适。所有的这些，包括对空间大小的把握、对材料的选择，都是平衡的艺术。

在定价方面，如果一个房间卖一百块钱，那我们亏死了。如果卖一千块钱，那没人来。那我们可能卖三百五十块钱左右，我们有利润，客人也满意，这也是追求这种平衡。投资也是这个道理。我们做全季的时候，一间房的预计改造成本可能是十二万，我们一定会按这个预算来做，不会做成十四万。只有这样精算和控制才能保证有很多的投资者投资全季，否则就没人投了。

审美也是一样的。我院子里的草很美，但不好种，就不合适放在酒店里。我可能会弄棵迎客松，它不挑地方。我要做的就是迎客松这样的东西，它不受环境的影响，能够顽强生长，同时能够符合中国中产阶级的审美。这种审美会随着时代发展不断变化，而我会跟着这个变化走。

华住的差异化定位

华住有两类产品。一类求新、求异、求丰富、求饱满，富含情感、色彩、感官刺激，有点儿"性感"——漫心、桔子就是这样。一类节制、合适、自然，一分也不多，但是客人需要的都有——这是全季。中产阶级对这两种审美都有需求。

高端品牌禧玥，我们是用东方的审美符号和价值观去演绎现代的生活方式。过去的高端酒店是用西方的那一套，璞丽是一种东方的尝试，老外和国人都很喜欢，禧玥也是这个方向。东方的审美是什么样的呢？我觉得是平衡、优雅、安静的，同时又让人感到方便和舒服。我们会用东方的元素来布置酒店，譬如客房里有一个小盆景——西方酒店里是没有盆景的，放的是雕塑。

我还有个梦想，在江南做一个中国最顶级的酒店。它被森林和湖泊围绕，弯弯的小桥把湖泊相连，在森林的边缘有几座拥有亮丽色彩的房子。房子是非常简洁的东方建筑和装修，远远飘来花香的味道，有淡淡的音乐缭绕。音乐可以是莫扎特，也可以是古琴。

酒店的地面是苏州当地烧的金砖，金砖下面是地暖，冬天不潮也不湿。黄梅季节也可以开地暖，把湿气直接蒸发掉，做到恒湿。但恒温没必要，这样才能感到四季的变化。酒店外面是湖面，想出去的时候，小船一划，笛子一吹——也可以吹法国号，或者法国长笛——笛声悠悠，天地悠悠，人心悠悠。它会是华住最高等级的酒店，是皇冠上最闪耀的钻石。

华住的生意之道

1. 中国服务

在今天的中国做酒店服务业，我常有生逢其时的幸运感。因为世界上没有一个地方，像今天的中国一样，有那么多机会。

因为城市化进程仍在进行，今天我们还有很多机会在国际化大都市上海、北京开新的酒店，更别提在大量的其他城市拓展大量的酒店了。

到目前为止，传统的强势品牌和企业依然很少，我们可以横空出击，创立新模式、新企业。而不像欧美发达国家，新兴企业必须面对林立的群雄，不依靠新技术和新发明，传统行业很难冒出新芽。

除了城市化带来的机会，还有制度红利带来的机会、人口红利带来的大市场机会。中国具备购买能力的价值客户大约是六个亿！这个规模，美国没有，欧盟没有，印度也没有。世界上除了中国，没有其他地方有。

发达国家酒店业发展减缓，割据局面形成；新兴国家以中国发展最快、市场潜力最大。因此，国际酒店业主战场已经转移到中国。但，国际品牌在中国的经济型酒店市场基本没能有所作为。

中档品牌大家都在摩拳擦掌，一些国际品牌表现不俗，比如洲际的智选假日、希尔顿的花园酒店、万豪的万怡等。等他们逐渐透支完了爹妈的信用后，我相信中档酒店依然是本土品牌的天下。

在高端酒店，目前国际品牌稳稳占据优势地位。投资拉动减弱和打击奢华之风的导向，使得盲目投资、不求投资回报的业主在减少，我们的轻奢华、东方人文价值、适度投资的理念将会有机会逐渐占据一席市场。

中国是一个人口众多的欠发达国家，酒店市场的主体是中低档，占据了这一块市场，就占据了中国酒店业的市场主体。因此，我们的重点是中低端市场，做好经济型、中档、中高档品牌，是华住未来成功的关键。

中国现在和未来的消费主流，是经济型和中档酒店。整个集团的战略资源：人力、物力、管理能力、资金，都应该向这两个细分市场倾斜。甚至未来的十年之内，这个结论都不会变。

高端酒店可以采取自建、合资、收购等方式逐步渗透和介入，那是另一个十年计划的事情。我们要么不发力，若发力一定在行业内是颠覆性的做法，不苟且，不机会主义。

2. 全球化视野

在全球化的问题上，不仅仅是因为我们想成为世界级的伟大企业，更重要的是当今的商业、客户、人才、资本都已经是全球化的了。我们要站在太空里看地球。

首先，要运用全球化的智慧。我们当然要继承中国五千年的文明和智慧，但我们不是民粹主义者，西方的智慧是全人类的宝贵财富，应该毫无偏见地汲取和学习，并加以运用。

其次，要具备全球化的视野。不要一下子就钻到具体事务里去，在战略上要具备足够的广度和足够的纵深。中国的市场化进程，西方发达国家已经经历过了。他们今天的成果和格局，可能是我们的未来；他们的优点值得我们借鉴，他们的教训更是值得我们汲取。

再次，是全球化的市场。随着中国的发展，越来越多的人出国旅游，包括欧盟在内的许多国家签证变得越来越方便；越来越多的企业走出国门，到中东、欧洲、南美、非洲开拓市场；而外国人到中国来观光、工作、开会也是每年递增。今天，外国的酒店品牌到中国来；未来，我们走出去也是必然。

最后，是全球化的人才。一是我们要引进来，二是我们要走出去。我们当中有些人在欧美读过书，有些人在全球化企业里工作过，有些甚至还是外国国籍。给我们做服务的企业，许多是全球化人才的班子在提供服务。我们要有这样的胸襟和思想准备，将来会有更多的国际化人才加入我们。同样，我们的主要干部不能将自己限定在一个城市、一个省份，要有胸怀天下的大志，未来我们可能会去其他国家开酒店，做管理。

我们的国际化路线图是这么设计的：通过经济型、中档酒店积累现金流、规模、融资能力、客户群。利用我们的高成长、高 PE，以及大现金流，并购（参股）国际集团，完成全球化。

所以说，现在不着急去美国、欧洲开店，甚至不着急在东南亚开店，而是先把中国的仗打好。在中国这片最肥沃的土地，辛勤耕耘，结出硕果，充分渗透。能做中国市场的老大，才有机会在全球领先。

3. 勇争第一

做单店的三部曲：吃饱、吃好、吃健康。

做城区的三个阶段：完成预算、做高 RevPAR、市场占有率第一。

我们做单店、做区域都有三个阶段，这三个阶段都是往上递进的。最基本的就是完成预算，不完成预算就没话语权。第二步，就是超越对手的 RevPAR。第三步，我用的是市场占有率这个指标，在市场占有率上也必须超越对手。如果对手市场占有率高，即使我们的 RevPAR 高于他们也没有用，这个区域还是没做好。这个三部曲做好了，做实了，我们就无惧任何竞争了。

如家是伴随着华住成长的竞争伙伴。如家是我创立的，我离开后做了汉庭（现在的华住），我们两家都是中国酒店业具有代表性的集团。我有时候开玩笑说，它们就像周伯通的左右手互搏。

目前两家国企上市公司——首旅和锦江，分别购并了如家和7天，这样就形成了中国市场上最主要的三家酒店集团：锦江、首如、华住。

未来中国市场的竞争，大格局上主要会在华住、锦江、首如三家之间进行。

由于品牌细分，在经济型、中档、中高档等各个细分区间，都有不同的竞争伙伴。在许多方面，华住已经是名列前茅，但是中档新兴创业公司、外资品牌在中高档区位还是极具竞争力，我们有许多要跟他们学习的，不能掉以轻心。

五年、十年后的竞争伙伴，最大可能是国际集团，比如洲际、万豪、雅高、希尔顿、凯悦等。我们会在高端、豪华的细分市场上，遭遇他们；也会在国际化的过程中遭遇他们。

随着以爱彼迎为代表的分享经济潮起，随着OTA在酒店分销中的份额越来越大，酒店业的长远、战略性竞争对手将会一直是以上两个业态。

竞争策略是由市场环境和竞争对手两个因素决定的。竞争不激烈，可以不着急，慢慢做，做扎实。雅高在竞争相对薄弱的欧洲，用四十年的时间，做了四千多家酒店。而我们在百舸争流的中国，八年就做到了两千家。

在高速发展的中国，竞争充分而激烈，我们采取的第一个战术就是闪电战。比如就全季而言，我们的中档酒店要迅速占领制高点，让对手来不及反应，往往外国品牌运用不了这个战术。

第二个战术是"穿插包围"。汉庭的发展、如家的发展，最开始是怎么做的？是从边缘物业、巷子里的物业发展起来的。都是找城市里别人看不上的物业。这就是穿插包围。在还没有能力正面进攻的时候，我们从来都不采用正面进攻的方法。中档酒店也是一样，要用穿插包围的方式做。有了样板店，就迅速完成节点城市布局，不徘徊在某个区域、某个城市，先拉出全国性的脉络，率先形成网络和品牌知名度，占领制高点。

第三个战术叫"十倍速增长"。摩尔定律是：每十八个月，芯片速度翻一番。这个IT定律同样适用中国的酒店业。今天，中国许多产业的发展，不能简单地用传统思维来看。断层式的发展和报复性补偿式增长，使得许多传统行业的发展速度类似于"十倍数增长"的IT业。我们当然希望既快又好，但是，资源往往是不充分的，在保持100分速度的时候，品质不能再要求100分，能够在80分就很不错了——这是我总结的"80/100原则"。求全责备，纠缠于局部的完美，会错失获取全盘胜利的机会。速度和质量都重要，但在产业形成期、积聚期，速度比质量更重要些。

但在大局初定后，要尽快回来补足质量这一课，完成从野蛮生长到精益管理的过渡。

华住发展阶段和中国的酒店市场，目前已经在精益管理的阶段。也就是从创业时候的"good enough"（够用就好）到"enough good"（足够好用）；从100分的速度、80分的质量，到100分的速度、100分的质量。如果质量跟不上速度，宁可将速度降到95、90。

华住最关键的成功因素是什么？

第一个是位置。因此，我们要占领一、二线城市最核心的位置；三、四线城市更加要在核心位置，因为这些城市客基薄，重置成本低，摊薄效应显著。

第二个是品牌。在位置相当的情况下，品牌作用会显现出来。品牌拆开来就是产品（质量）和牌子（数量），酒店产品包含两点：硬的实体产品和软的人性服务。

也就是，要做好酒店生意，位置要选好，产品要做好，规模要大。

4. 生意上的阴阳之道

在生意上，我们遵循哪些法则？

一，统一战线。如果遇到矛盾，不去激化它，而是努力寻找双赢的方案，和气才能生财。一定要让所有的合作都向多赢的方向走，要团结一切可以团结的力量做好企业，为广大客户谋最大福祉。

二，顺水推舟。逆水行舟勇气可嘉，但是费力不讨好。做事应该顺着水流走，顺着大势走，不要一意孤行，意气用事。做企业、做生意要顺大势、顺市场、顺政府、顺民心。

三，随波逐流。在海里冲浪，永远要顺着水流走，顺着浪头走。我们现在遇到的是什么波什么流？"80"后、"90"后就是客户的主流，移动互联网就是技术的波浪，减少人力就是成本上的潮流。

四，破坏性创新。华住、如家、7天就是在传统酒店业做了破坏性创新，把整个产品结构、成本结构、发展模式、员工的收入模型改变了，然后把整个产业都改变了。做中档酒店也是一样的，要不断地从内部破坏旧结构，创造新结构，包括新的消费方式、新的生长方式、新的市场、新的沟通方式、新的呈现方式。我们每进入一个新领域，不管是海友、怡莱、全季、星程、漫心、禧玥，都要在相应领域进行破坏性创新。不在这个行业里创新，我们是不会有生存机会的。

五，丛林法则。人们对丛林法则的理解大多停留在第一层，就是"物竞天择，强者生存"，其实丛林法则有三层含义。

第二层含义是"同类竞争，异类共赢"。森林里大树旁边很难生存其他的小树，但是苔藓、小草都活得很好，因为异类之间需要的资源是不一样的。比如华住的施工队、供应商，我们必须给予他们足够的利润，让他们可以招揽到优秀的人才，让老板有足够的动力为我们提供品质服务，这样公司才会持续经营。必须让所有的异类伙伴共赢，这样我们才有足够多的肥料和营养来成长。没有这个生态体系，我们是长不大、走不远的，生长成本也会很高。异类共赢，跟强者生存一样，是丛林生态链里非常重要的法则。

第三层含义是"树大招风"。木秀于林，风必摧之。我有一次在野外穿越的时候，见到过一棵两千五百年的大树，被风吹倒，枯死在荒野，而旁边的小树、中树平安无事。企业大到最后，和大树是一样的，除了自身衰老、腐朽和脆弱以外，还容易招人嫉妒，容易成为攻击的对象。这个法则告诉我们：一，强者、伟岸者要善于守拙；二，支撑小树的力量没法支撑大树，高大的理想需要与之相适应的力量来支撑。

华住的生意哲学，看上去是两个矛盾的对立面：一面是和、顺，另一面是破坏和竞争。这两个对立面的统一，就是我们做生意的阴阳之道。

华住的组织之道

人类的组织，有四种代表性的力量，可以在企业管理中运用和借鉴。

第一种是宗教的信念。维系宗教的主要力量是信仰。这种力量直接指向内心，人们自觉自愿地做许多事情，没有人强迫。但是，这种信仰的力量之大，任何一个商业机构都望尘莫及。

第二种是军队的号令。军人的天职就是执行命令，指哪儿打哪儿，不能有怀疑，更不能违背。在战场上，不听从命令，就会被枪毙。这种力量是强迫性的，虽然违约成本很高，但执行力很强。

第三种是企业的利益。商业最根本的是利益，这是整个商业的基础。甚至可以讲，现代社会运转的最主要力量是商业。财富的分配、创新的奖励、奖勤罚懒等等，都是通过商业的利益分配来进行的。

第四种是家庭的关爱。这是人类最小组织的凝聚力，也是最自然、最生物性的力量。

虽然企业是一个商业组织，但这四种力量都应该在企业里加以应用。纯粹讲商业利益不够平衡丰满。所以，我希望这四种力量：信仰、纪律、利益、爱，华住能够在不同的时间、不同的地方来使用，借此打造出一个像宗教般有信仰、像军队般执行力强、像家庭一样充满爱的商业组织。

1.　华住组织的特点

我们目前的上千家门店分布在中国的数百个城市，员工数万，每年接待的客人近亿人次。这样的企业，管理复杂度已经很高了。可是我们还做直营店，从找项目到营建，到开业，最后到日常经营，业务链条很长。酒店的日常工作很具体，很繁琐，而且员工们的教育程度相对不高，许多是初高中的教育水平。不仅如此，我们的发展速度非常快——"十倍速增长"，我们的速度在世界上也是史无前例的。这些因素，决定了华住是一个管理复杂度很高的企业，必须有一整套完整的管理体系来支撑。

2.　组织上的阴阳之道

第一，理念统一和充分授权。

这么分散的城市，这么多数量的基层员工，光有流程和标准是不够的，必须要有统一的价值观和理念。华住哲学就是这些价值观和理念的系统化阐述。在门店层面我们要做出简明扼要、通俗易懂的版本出来，让大家喜闻乐见，让它深入人心，将人们内心美好的东西激发出来，跟我们的华住哲学吻合。

在理念统一的基础上，必须充分授权，才不会呆板，才有韧性。

企业规模增大，容易人为地将事情复杂化。太多的审批，太多的会议，太多的制衡，容易导致管理层级过多，容易滋生官僚。所谓"大道至简"，在沟通交流上，我们提倡简洁明了、简单直接的风气。在管理的设计上，尽量扁平化；充分授权，决策尽量靠近一线。总部处理的主要是复杂性、抽象性、平台性的事情；一线解决服务、营收、成本控制等大部分日常经营事务。

第二，精准执行和适应变化。

在理念和价值观上的一致，以及在管理上、组织上的"至简"，并不意味着无政府主义和散漫拖沓，相反，它们恰恰需要军队般的纪律和强大的执行力作为后盾。在几万人的企业里，也要做到像士兵操练一样，整齐、划一，无条件地服从指令，严格地执行标准，聚焦企业战略，坚守企业的理念，整个连锁要像一个人一样，是一个和谐统一的整体，指哪儿打哪儿。而不是山头林立，各有各的变通和理解。

在精准执行的基础上，适应变化。

在这个多变的环境里，我们要随时接受变化，接受改变。开放自己，学习新东西，接受新思想。在这个多变的时代，永远不变的就是变化。华住就像一辆载重的大卡车，除了高速行驶，还常常要弯道超车。而远方的道路并不是一目了然的，前面的道路曲折迤逦，天气也变化多端，我们随时要做好迎接变化的准备。

第三，东道西术。

在管理工具的使用上，我主张"东道西术"，就是结合东方的道和西方的技术手段来帮助我们管理。东方的道，可以从法、儒、释、道四个方面领会。术呢？比如平衡记分卡、ERP、IT技术等等现代的理论和管理工具。

第四，三结合。

我期望，通过以下的"三结合"，能够打造出一个具备企业家精神的规范管理公司。

第一个结合是管理和领导相结合。领导往往是鼓舞人心、高瞻远瞩的，它强调个人魅力，着重激情和理念。而管理往往细致缜密，有条不紊，强调理性和效率。所以我们说，鼓舞人心的领导要和卓有成效的管理相结合。

第二个结合是规范和创新结合。是95%的规范，5%的创新。创新成本很高，一直创新没有沉淀和收获，企业难以为续。施乐研究中心和贝尔实验室都是大企业创办的创新机构，虽然带给我们许多伟大的发明，但对这两个大企业来说，并没有带来本质性的变化，它们渐渐走向了衰败和没落。但是，这5%的创新就像原子弹的铀棒和烟花的引信一样，至关重要！没有持续不断的创新，将会跟不上时代，将会被创新者颠覆，更不会成为一个卓越的企业。这5%的创新决定了企业的高度和未来。

第三个是现实主义和理想主义相结合。在思想上是理想主义，在行动上是现实主义。没有理想主义就没有高度，没有现实主义就不能落地。尤其在中国当前这么一个复杂多变的商业环境里，没有一点理想主义，常常会在残酷的现实面前变得平庸和市侩；而不用现实主义来践行，企业将会成为温室的花朵和象牙塔里的古董。

"关键少数"的管理之道

酒店行业的从业者，经验比聪明重要。招聘一个人，他很聪明很能干，但未必能够做好。这个行业的事情太具体了，需要做个两年、五年，才能形成积累，才有基本的把握。

像我自己看店，我看了很多年，我的经验也是慢慢累积的。看了那么多城市、那么多物业之后，我心中慢慢形成一种结论性的东西，这种东西不可能通过你的思考得来，只能通过实践。

除了经验，稳定、勤奋也比聪明重要。认真做和不认真做，做出来的东西截然不同。你再聪明，不认真做也是不行的。我们这个行业特别鼓励长期、稳定的投入。我们的激励是给期权，这个刺激是非常大的。

针对酒店行业从业人员的这些特征，我对华住高管的管理模式是"关键少数"。管理一个几万名员工的企业和这么多的连锁店，要抓住两个根本点：

一个根本点在门店。支部建在连队上，店长要管理好，他要有主观能动性、主人翁意识。我们对此做了很多考核、培训，在价值观方面还要加强。一线的管理者，很多事情由他们指挥、配置，是非常重要的角色。

第二个根本点就是"关键少数"。这些"关键少数"，就是总部的高管。连锁酒店的管理，差之毫厘，谬以千里。举一个最简单的例子，我们一年要采购一亿瓶矿泉水，一瓶差一毛钱的话，一亿瓶要差多少钱？假如总部的人不认真负责，在敬业度、专业度上差一点，结果会很严重。他们是非常关键的"少数"。

我们给"关键少数"很好的待遇。华住的高管，一般做了之后赶也赶不走。他们能得到比较好的关注。我不可能关注六万个人，只能关注二十个人，这二十个人可以享受到充分的阳光雨露。我给他们充分的信任：每个人都是各自负责业务的老大，有很大的决策权，也有很好的激励。

但这不意味着没有压力，对这二十个人要做末位淘汰。每年或每两年，他们中做得最差的那些是要被淘汰的。对于做到这个位置的人来说，这很残酷，但这可以刺激他们努力。他们自身感受到压力的话，也会将压力层层传递下去，这样企业才能保持一种进步的状态。

狼性和龙马精神

在公司刚刚创立的时候，我们经常讲"狼性"。发展到现在，我又提出一个"龙马精神"。

我们都是龙的传人，龙是中华民族的图腾，是我们民族的精神象征。龙也是王者的代表和象征，志在高远，君临天下。我们要像龙一样，放眼全球，志在四海，力争第一。

汉庭刚刚创立的时候，我用过"潜龙勿用"来作为公司的基调。在那个群雄并起的时代，保持低调，练好扎实内功。现在，我又用"群龙无首"来比喻培养一批领导人的做法。

马的特点也是我们这个阶段需要的。第一个是速度。万马奔腾的气势是何等壮观。第二个是敬业认真。马的敬业可以从骑兵看出来，整齐划一，任劳任怨，不计得失，勇猛向前。这对企业来说都非常重要。

当企业发展到一定阶段，要适时引入"龙马精神"来平衡"狼性"精神，使之成为华住主流精神之一。而对于新品牌、创业企业，"狼性"精神依然适用。从某种意义上来说，今天的华住也依然还在创业。

所以，华住精神是"狼性"和"龙马精神"的结合，我们不能没有了狼的进取和凶猛，同时也要具备马的坚韧和龙的大气。

看似矛盾对立的两个方面，完美和谐地结合在一起。不仅生意上如此，管理上也是如此。华住之道，乃是阴阳之道，也是法自然之道。

我们如何看待客户

对于住宿客户而言，最重要的是要有符合他们需求的产品（含服务）。我们的产品（包括预订等全过程体验）要方便客户、价格合理，对于新生代客户，还要注意到他们的情感诉求。

我们怎么才能做到好产品、好服务？我认为大概有四点：创新、培训、主人翁、位置。

我们通过创新，在行业内首推 0 秒退房、自助登记入住；通过创新，全季不断地在修正、在迭代。汉庭会在最近推出第二代全新产品，其中包括整体淋浴房、工厂化装配等。未来利用新兴技术，会推出 NFC 门锁等更加方便客户的解决方案。

培训同样重要，我们除了有华住学院，还有一线针对各个岗位的传帮带现场培训。进入中档酒店和高档酒店，软服务的比重提高，培训益显重要。

没有主人翁精神，光靠制度和流程，这么大的连锁集团不可能提供发自内心的好服务。我们要给每一个岗位考虑好情景和远景，要让每一个岗位的员工自在、自发。

好产品、好服务还包括了位置。我们不仅要在一、二线城市的中心位置布置酒店，在三、四线城市更要在城市中心布局。我们的酒店布局还要深入到县镇，让客人们到任何一个地方，都可以找到华住的酒店，放心入住。

在产品设计上，特别要注意的是方便客户。在传统酒店，我感觉最不爽的是入住登记费时长，退房的时候排队等候，wifi 要收费，预订服务要输入一堆信息，等等。我们的诸多创新就是针对用户的这些痛点出发的。要预防的是三流设计师自恋式的显摆风格，花钱多，自我陶醉，抄袭和拼凑。

对于价格合理这个诉求，即使非常有钱的客户也是在意的。没有一个成功的企业靠"斩客"维系，实价销售是我们从经济型酒店发展出来的策略，在中档甚至高端酒店也要坚持。跟顾客交流的第一时间就给予他们真实确定的信息，而不是拐弯抹角。在信息高度对称的时代，这样做尤其必要。

给予客户有竞争力的价格，还意味着我们内部的高效率，不能让客户为我们的低效和臃肿买单。不管是平台还是区域管理，都是为了一线的客户，任何浪费和多余都是要防止的。比如，在差旅上，可以乘火车，不乘飞机；在管理层级上，可以三层，绝不四层；甚至打印纸都是要用双面，办公室都是利用边角料的空间。另外一个就是坚持直销，不依赖包括 OTA 在内的代理商，更不依靠传统的包团、团队等。直销不仅仅可以保证净房价，还可以降低客户保持和沟通成本。

"60"、"70"后的消费传统是注重高性价比，而新生代"80"、"90"后，加入了情感诉求，他们会更注重生活品质和体验，可以仅仅因为喜欢而去住这个酒店，可以因为充满人文气息去体验。虽然大部分人还是预算有限，但他们为了感觉，会牺牲金钱，至少是提高一点点预算。

另外一类客户是我们一直没有意识到，或者是没有重视，没有提到跟住宿客户一样的水平上的，那就是加盟业主。未来在经济型酒店领域，大部分会是特许管理（特管）。在高端，基本是委托管理，中档要混合一些，但也是以特管为主。我们的大部分利润，会来自于加盟和管理收入；我们开疆扩土，我们深入四线、五线城市，都是要依靠广大加盟商。他们的重要性不言而喻。

加盟商的诉求点主要是两个：盈利和尊重。对于盈利我们很容易理解，大部分加盟业主从事加盟业务，是为了获得稳定可靠的回报。所以，我们品牌的聚客能力、管理团队的专业和敬业显得非常重要。

另一个比较容易被大家忽视的是平等和尊重。加盟市场的火热和某些人的"官本位"情结，造成对加盟商的漠视和不公正，生出"皇帝老子朝南坐"的架势。甚至有些人，以权谋私，收受（索要）回扣，极大地影响了华住的声誉，破坏了加盟市场的公平和公正。我们已经在组织和机制上做了许多补救和改进，但还不够，还要进一步在华住内部宣讲"加盟商是合作伙伴，是客户"的理念，要平等对待，要珍惜和尊重每一个华住的客人。

对待客户，不管是住宿客户，还是加盟客户，我总结了三个比喻：像被子一样贴身，像淋浴一样知冷暖，像 wifi 一样便利。以此为标准，打造华住特色的中国服务。

我们如何看待员工

酒店业人才有什么特点？通过十多年的观察和总结，我认为最重要的是敬业。

我们目前的大部分干部，尤其是区域的主要干部，都是早期加入公司，跟着公司一起成长起来的。他们从基层做起，认真、踏实、兢兢业业；善于学习和思考，总结成功经验，汲取失败教训；面对挫折和困难，坚韧不拔。我们总体的氛围是高速紧张，压力极大的。有些人因为跟不上，被淘汰；有些人因为受不了，放弃；但是那些坚持下来的人都成功了！不仅在职业上有了大大的长进，更重要的是超越了自我，成就了自我。

普通人经过努力，不断学习，经过大浪淘沙，许多人可以成为店长，可以成为城市总经理，可以成为分区总经理，甚至大区 CEO。

因此，我们要招募敬业的人，要挖掘善于学习的人。

基层员工有三个基本诉求：

一，希望报酬有竞争力。付出同样的劳动，希望能赚得多一点。

二，希望工作稳定。大部分人都是指望华住的这份工资来养家糊口的，而不是投机暴发一下，工作是维持生存的基本手段，因此希望工作稳定，不要折腾。

三，希望在一个轻松愉快的环境里工作。

我们有数万名员工，每年接待上亿的客户，每一次跟客户的接触、每一顿早餐、每一间客房的打扫都是我们的基层员工在完成，他们的专业水平和敬业程度决定了我们的服务水平。

基于对连锁的特点和员工诉求的分析，对于基层员工，我建议采用法家的哲学来管理。法家讲规则，强调精准执行。我说1，他们就要按照1.000来做，而不能是1.001。法家有句话讲得好："使中主守法术，拙匠守规矩尺寸，则万不失矣。君人者，能去贤巧之所不能，守中拙之所万不失，则人力尽而功名立。"（《韩非子·用人》）这句话非常好地概括了标准化、流程化的重要性，强调了执行力的重要性。

同时，基层员工的薪酬也必须和经营业绩挂钩。多劳多得，不好少得。不能搞大锅饭，不能搞平均主义，否则企业就难以维续，也就没有能力持续经营，员工工作的稳定性也就没法保证。

我们发自内心地将员工看作是我们的家人。一个门店、一个部门就像一个个小家庭，团结友爱，互相帮助。因为利益不是大家抢来争来的，而是大家齐心合力做出来的。业绩好的门店总是那些团队心齐的门店。

除了要创造一个轻松愉快的工作氛围，我们还有一个华住互助基金，帮助那些遇到特别困难的家庭。比如汶川地震帮助那些无家可归的员工，比如当他们的直系亲属丧失劳动能力时，资助他们的子女上学，等等，让员工更安心。

华住是一个大家庭，我们是一群勤劳、敬业、努力工作的人。我们创造出杰出的业绩，我们得到丰厚的回报，我们更会在困难的时候互相帮助，渡过难关。

干部跟基层员工一样，也要养家糊口，因此，基本的需求也是希望有丰厚的薪酬。但是他们对于发展空间和学习成长有更多的期待。高层干部，还要有归属感和事业感，希望在企业里能够当家做主，能够被信任、被重视。

包括店长在内的中基层干部，儒家是合适的管理哲学。儒家代表人物有诸葛亮、王阳明等，可以说，中国大部分朝臣都是儒家子弟。诸葛亮有句名言，叫"鞠躬尽瘁，死而后已"。儒家的敬业、忠诚跃然纸上。

中基层干部的关键词有：仁爱、忠义、礼和、睿智、诚信。王阳明更是将儒家思想推上了更高的台阶，他提倡"知行合一"，理论和实践相结合，不能光说不练，纸上谈兵。中基层重视和考虑的是战术，比如怎么做这个店？怎么管好团队？怎么打败我的对手？对于战略问题要深刻领会，将之细化为战术目标和行为，所谓"尊德性而道问学，至广大而尽精微"。我们需要大量"知行合一"的中层干部。

总部平台负责人、C字头高管、大区负责人、品牌事业部负责人，我们定义为高层干部。高层的管理哲学可以借鉴道家，必须从战略层面看问题，不能仅仅停留在战术层面。我们要培养出一批优秀的领导者，而不是简单的执行者，更不能是所谓的"职业经理人"——那些只知道盯着绩效指标，盯着职务、奖金的高级打工者。

这个企业在我的带领下，走过了十年的道路，下一个十年，我们的规模不是简单的叠加，我们的速度不会是循规蹈矩的增长，我们面临问题的艰巨和复杂性绝不是我一个人可以单独担当的。这就需要一批领袖级的人物来共同完成——这就是我所谓的"群龙无首"。我们需要的是具有主人翁精神的创新者、领导者、管理者。

对于领导者，第一条是"执中"。道家提倡的"治大国如烹小鲜"，说的是治理国家就跟烧菜一样，不能太咸，也不能太淡，不能太老，也不能太嫩，要恰到好处，这是执中。再如"庖丁解牛"的故事，讲的是找到问题的关键点，顺势而为，游刃有余。

领导者第二个要注意的是朴真，淳朴而真实。"原天地之美而达万物之理"，"圣人法天贵真，不拘于俗"。那些矫情、做作，那些形式主义的东西，只会浪费和干扰我们的心智。只有"返璞归真"，才能在杂乱的信息里抓住本质。

领导者治心而不是治事。"黄帝之治天下，使民心一"。我们高层要想方设法让大家心往一块儿使。"至治之世，不尚贤，不使能。上如标枝，民如野鹿"。治理国家，不是靠几个贤臣、能臣就能够治理得好的。历史上出贤臣和能臣的朝代，大多贪腐横行，朝廷软弱无力，国家千孔百疮。

作为领导者，大公更是必不可少。"忘乎物，忘乎天，其名为忘己。忘己之人，是之谓入于天""至人无己，神人无功，圣人无名"。大公，才能归真；大公，才能执中；大公，才能治心。

领导者面对错综复杂的问题，面对纷繁杂乱的形势，面对堆积如山的事务，必须要超脱。所谓"举重若轻"，拿得起，放得下。"傍日月，挟宇宙""游乎尘垢之外""日出而作，日落而息，逍遥于天地之间"。庄子提倡的这种境界，我们可以多体会。那种自在，那种逍遥，那种超脱，不仅仅是做事的时候需要，更是一种人生态度和生活哲学。

干部的收入跟企业效率和规模挂钩，基层要通过精益经营门店来获得稳定的收入；中层靠管理的规模来增长收入；高层靠整体的规模扩大和效率提高来增长收入。股票和现金差别不大，越高层的干部，期权比例会越高，只有企业增长了，个人才能增长；企业做得好了，他们也分享得更多。

目前干部的主要问题，我整理了十条。当然，这些问题会随着时间的变化而不断变化。

第一个就是团队协作。大区和平台、平台部门之间，相互抱怨，相互指责；不买账，不配合，不合作。

第二个问题是成熟度不够。我们的干部跟不上企业的发展，跟不上所驾驭的东西，思想境界、能力、领导力都跟不上。有的时候还闹点小情绪，搞点小障碍，这个就是成熟度不够。

第三个是山头主义。我的团长，我的团。我的部门，我的区域，谁也不能碰，不能惹。内部包庇，一致对外。

第四个是本位主义。做事情、看问题主要考虑自己，不考虑大局，不考虑其他部门、兄弟单位。

第五个是官僚主义。官不大，官气不小。拿腔作调，循规蹈矩。不是找解决问题的方法，而是找搪塞问题的理由；不是反省自身的问题，而是巧妙地推卸责任。

第六个是拒绝变化。换个店不行，涨价不行，新创品牌不行……反正对于每一个变化，都是条件反射式地反对。

第七个是领导力不足。管不住人，管不住下属，管不住团队。大事小事自己干，带领不了一班人一起干。没有感召力，没有领导魅力。

第八个是学习能力不足。不善于从失败中学习，不善于总结成功的经验；不善于跟他人学习，更不善于从对手那里学习。只能做某一类事情，换个领域，就一头雾水。

第九个是敬业度不够。把华住的工作看成是一份职业，而不是一份事业。看到的是职务、工钱，而不是企业利益和发展。即便是一份职业，敬业也是必修课。

第十个是忠诚度不够。前几年时髦的所谓"职业经理人"中就有不少这样的人。哪里待遇好往哪儿跳，哪里官给得大往哪儿跑。这样的人，遇到问题碰到事，是绝对指望不上的。

我们对干部的要求很简单，就两个字，"红"和"专"，就是"又红又专"。

"红"包括四个方面：忠于企业，责任心，事业心，热爱企业。

"专"也是四条：高绩效，带团队，学习能力，创新能力。

在人才的选拔上，按照"又红又专"的标准，概括起来就是"德才兼备"。或者更加全面一点，就是"德智体"三项全能。"德"说的是价值观，是"红"；"智"说的是能力，是"专"；"体"就是体能、健康、精力旺盛。

我有一个有意思的比喻，用来说明人才甄选的过程。

农村里淘米用淘箩，一种用竹皮编的篮子，有细细的缝，一般在河里淘洗。第一波，将淘箩沉到水里，就有很多空心的糠粃浮上来，空心米、麸皮就会漂掉。这些空心米、麸皮就是那些无能无用的人，我们肯定不能用。因为淘箩有很细的缝，第二波淘的时候那些很细的小米粒就会漏下去，这就是那些能力不足的人。最后一波，也是最难最费时的，是要剔出那些石子、碎砖、泥巴。有些时候不容易看清，比如白色的小石子，混在米里看不见，这些就是价值观不符的人。

我们选人的时候，没有能力的人、能力不足的人、价值观不符的人，都要剔除。难的是剔除那些价值观不符的人，不容易看清楚。

人类的动力来自两个主要方面：一个是奖赏，一个是恐惧。

你做了好事，做了正确的事情，社会、父母、老师、企业就给你某种好处，比如表扬、肯定、奖状、晋升、金钱等。这就是奖赏，鼓励你继续按照社会或组织的意志，做更多的好事、正确的事，也鼓励其他人做好事、做正确的事。

人类最根本的恐惧来自死亡。其他还有对危险的恐惧、对批评的恐惧、对压力的恐惧、对失败的恐惧等等。各种各样的恐惧同样使得人想把事情做好。

我是主张企业里要奖惩并用的。我们企业里奖赏的事情不少，包括现金、股票、期权、升职、培训、荣誉等等。

哪些事情要惩罚？首先是不作为，在那里混日子，撞钟，滥竽充数。有些干部知道问题不去解决，因为解决问题就会有麻烦，有冲突。其次就是那些不努力、无能、无德的人，这些人肯定是要惩罚的。

如果这样的人混迹在组织里，这个企业就会拖沓疲软，正气不彰，毫无生机。

但是，对于失误和创新中的失败，要宽容，否则就没人敢做事了。想做事没做好的叫失误。对于普通工作中的失误，要宽容，要帮助，要从失误中汲取教训。所谓创新就意味着是种尝试，是种实验，有可能会失误或失败。创新中的失败，是组织为了突破，必须付出的成本。

我们面临的最大挑战

华住的组织架构设计原则是：下盘实，上盘活。一线和门店扎实稳固，总部响应迅速，适应变化。

整个华住集团可以概括为四个功能模块：平台，投资，新品牌，门店管理。按照这四个模块确定不同的组织架构、薪酬架构和考核奖励机制。

组织原则：三个服从，三个优先。三个服从，是指个人服从组织、小局服从大局、下级服从上级。三个优先，是指团队利益优先个人利益、整体利益优先局部利益、长期利益优先短期利益。

"所谓一个国家外部的崛起，实际上是他内部力量的一个外延。"（郑永年《大国崛起》）不仅国家如此，一个企业、一个家庭，也是如此。

所以，华住最大的挑战在于我们自身，在于我们是否有能力建立一个世界级的伟大组织，在于我们是否能够平衡好管理和领导、质量和速度、规范和创新。竞争对手是我们超越的标杆和激发者，我们自身的强大和力量的积蓄才是我们成功的关键所在，也是我们面临的最大挑战。

华住未来的管理：常识管理

我曾经提出，华住的挑战，在于要建立一个伟大的组织。我们每年大概开六七百家店，在国际上相当于一个小连锁。这么多店要怎么管理？过去我担心人才不够，重视人才培养。现在我觉得可以不靠人。机制设计得好的话，可以用常识来管理。

我们现在的组织架构是总部、大区、城市、门店，如果把中间两层拿掉，然后给门店更大的自主权、更大的激励呢？现在沟通很方便。我们也知道，信息经过每一层传递都会有损耗，会失真，所以有没有可能让组织更扁平？这个事如果干成的话，人才培养也不会是一个问题。门店用常识管理，系统就是傻瓜系统，打开就能用。比如说你去买米、买菜，什么价格，系统里都有数据和渠道。

这有点类似美国现在打仗的士兵一样，通过信息系统、通讯、大数据跟他们后面整个的资源直接对接，不需要中间人了。总部跟下面的人靠常识沟通。比如对客人怎么笑，露两颗牙齿还是四颗牙齿，这是没关系的，你只要笑就行了。哪怕不笑，你对客人友好就行了，友好不友好客人是能感觉得到的。是不是握手，是不是拿行李，都不重要，重要的是让客人感觉到受欢迎，这个就是"常识"。我只用那些友好的人，只用那些对客人好、做事认真的人，偷偷摸摸的、鬼鬼祟祟的、偷懒的，我不用。在一个店里，十几个人，怎么可能看不出来？这就是常识。

当然，推行这个模式挑战非常大。但如果成功了，将开创一个新的时代。过去中央文件一层层读，现在哪里需要呢？大数据加常识管理，这种方法如果能够做下来，连锁就更加稳固了。

酒店的未来

在物质缺乏的年代，人们追求的是纸迷金醉式的物质体验，名牌、黄金珠宝、富丽堂皇；而今天，人们更多地是向内追求。

过去的酒店，在最基本的点上，提供了标准可靠的住宿产品；在高阶位上，提供了一种奢华的生活方式。未来的酒店依然如此，所有类型的酒店都要满足"旅人途中的可靠休憩站"这个最基本条件，在高阶位上，要体现最先进的生活方式。

在我看来，未来酒店应该是：既像家一样可靠、踏实，又有家里无法体验的生活和生活方式。

1. 建筑和立面

过去独属于高档和豪华酒店的炫目外在不再是它们独有的标签，这些外在的华丽会被越来越多酒店应用，包括中档酒店、经济型酒店。就像在发达国家，我们从一个人的衣着很难判断出他的身份、地位一样。

其实，不管是建筑外立面还是室内设计，都是艺术的范畴，都属于应用艺术。一个好的酒店设计，本身就是一件艺术作品。艺术是一个时代、一个地区思潮的综合和抽象，是比较高级的意识形态。跟酒店结合，可以很好地演绎、体现酒店的审美情调和价值取向。艺术不能做成简单的堆砌——也就是所谓的艺术酒店，那是本末倒置了。酒店的主体功能还是住宿，它不是美术馆。艺术作品应该非常和谐、自然地融合在酒店里，不张扬、不抢风头。客人在前，艺术在后。

2. 公共区域

过去大部分酒店在空间上都流于浮夸。当首创者这么做时，是创新，但是，当所有的酒店照搬和抄袭的时候，就是俗套，而这个俗套是以建造成本和空间上的极大浪费为代价的。所以，通常酒店都有一个非常空旷气派的大堂，配以豪华的水晶吊灯。在配套上也是不遗余力。一个标准高星级酒店，往往有三四个餐厅（早餐厅、全日餐厅、中餐厅、西餐厅等）、会议室若干、大宴会厅、健身房、桑拿房、SPA、游泳池、美发室、小卖部、酒吧、商务中心等。在材料上也极尽铺张之能事，大理石、水晶灯具、实木家具等，怎么贵怎么来，什么高档买什么，能用进口就不用当地的材料。总之，可以用两个字概括：浮夸。

未来的酒店公共区域同样也是"高大上"，但不同于原先的范式。首先，公共区域要充分，还是要用高的层高、奢侈的空间来演绎。比如东京的安缦，在地价如金的地段，生生挖出一个深九米、面积一千平方米的长方体出来，很震撼！大堂的接待功能退化，前台尽量小，因为大部分工作都可以在移动端完成，比如选房、缴费等，前台最多是身份验证和服务那些不习惯用移动端的客户。当前台退化成"盲肠"的时候，社交、审美、休闲等功能就会走上前台。用酒吧、茶室、户外休闲座椅等空间来构成社交功能，和一起住店的朋友、不认识的住客邻居聊天，甚至自己一个人发呆，都可以在这样的空间里完成。雕塑、绿化、设计家具、创意软装将会在这些空间里扮演重要角色，使得整个公共区域漂亮、气派、有格调，但不是昂贵材料的堆砌。将社交功能做到极致的是玛玛谢尔特酒店（Mama Shelter）；阿姆斯特丹的美憬阁酒店（MGallery）通过设计家具将整个一楼的空间装点得像豪宅的客厅；新加坡 Oasia Downtown 酒店则引入了大量的绿化和草坪，给人感觉就是在空中的绿洲；Ace 酒店的大堂就像一个网吧，客人们密密麻麻地挤在一起上网、喝咖啡，认识不认识的都会打个招呼，像个大家庭的客厅。全季的大堂虽然空间不大，但是用雕塑、书柜、迎客松营造出一点禅意、一点书香，还有一些艺术的氛围，温馨但不夸张。

3. 小客房

精致方便但是空间不大的客房是最理想的。公共区域可以大，外立面可以气派，但是客房不需要也没必要太大。按照中国的传统，卧室不能太大。我们在故宫看清朝皇帝的卧室也只是方寸之地，据说这样聚气，太大的卧室显得空旷、冷清，尤其是一个人出差在外，回到一个空落落的房间，体验感未必好。

把这个做到极致的是 Citizen M 酒店，房间只有十五平方米左右，床是两米乘两米的。如果要显得豪华，反而要将淋浴间和卫生间做大，要将衣柜、吧台（茶桌）做舒服了。小客房也可以充分利用空间，在寸土寸金的大都市里，将空间切小，这样能提升性价比。而整个酒店空间的审美提升弥补了不足，这样的酒店并不会显得寒碜、憋屈。

传统星级标准里的客房标准要求已经过时、落伍。创新的时代对审美和功能提出了新要求。

4. 艺术和人文

人文的事项比较抽象，最重要的是整个布局设计里的人文关怀，而不仅仅是冰冷规范的流程和条规。比如有些酒店前台改成像咖啡店、茶室一样的布局和氛围，就充分体现了设计者对客人的人文关怀。

在酒店中，人们除了良好的睡眠之外，还会需求短暂的安宁体验。接触当地传统细节的入口、适度的社交场景、有分寸的艺术呈现，都是加分项。

未来的酒店，昂贵的材料、铺张的空间已经不能彰显先进的审美和生活方式，反而是精神层面的文化和艺术更能够体现一个酒店的审美和格调。

5. 高科技

IT 技术，尤其是移动互联网技术，使得酒店在高科技上的投入不仅容易，而且必须。每个人到了酒店，必须连上 wifi，才感觉跟这个世界还连接着，感觉亲人、朋友、同事近在咫尺。半岛的自动化系统确实令一些人赞誉有加，这个系统将灯光、窗帘、空调、呼叫服务、网络、音响、视频等整合在一个控制面板里。但是做得比较好的还是 Citizen M，用一个触摸板控制所有的系统，下次入住连锁内的其他酒店，你的偏好就都预存在系统里，很方便、体贴。

技术能够改变很多事情。酒店原来最繁琐的部分，就是前台登记入住。查身份证、签字等等，大部分其实不需要人介入。直接在手机上选房间不行吗？如果是金卡会员，你可以选最好的房间。支付方式可以通过手机进行，可以用人脸识别的机器来检测身份，这可能比人工确认还要更准确。这些技术我们都在研发，有些已经投入使用。我们马上要做一个无人前台的酒店。目前我们的技术已经走在行业的前列了。有人把华住称为"技术公司"，我觉得是准确的。

所有的自动化，将使得我们有可能实现扁平化的组织。五年以前这是不可想象的，五年后等互联网技术和机器人技术发展到了一定程度，这些都是有可能的。下一个五年，技术和人的重新组合搭配，会给大连锁企业带来一个翻天覆地的变化。

丽思·卡尔顿的服务理念，是让绅士和淑女服务绅士和淑女。但这套传统的服务逻辑对任何人都适用吗？每个人期待的酒店服务是不一样的，有的特别在意是不是便宜；有的特别在意被人尊重，有人递个毛巾、送杯茶、带他到房间会让他感觉良好；有的希望不被打扰。我算是一个顶级酒店的客户，我很在意隐私，不习惯社交。我不愿意来到酒店，跟一个不相识的小伙子或者小姑娘寒暄，让他帮我提行李，我再付他小费。我可能刚刚经历过一个喜悦，我想再体会一下；我可能正在经历一个悲伤，想自己一个人悲伤一会儿；我可能坐完飞机很累了，想打盹儿或者回到房间睡觉了。我没有必要为了他们改变我的情绪。

那么，未来的自动化服务，甚至机器人酒店，可以满足像我这样的客户的需求。

6. 大数据

酒店行业一方面面临消费者的需求变化，另一方面面临着人工成本的上升。机器人将来可以比我们做得更好，因为它有大数据支撑。它还可以识别语音和人脸，比人脑记忆靠谱，因此可以改变整个酒店业的服务品质和方式。

技术不仅可以不冰冷，还可以增加人情味。比如微信，我和朋友的见面频次可能因此减少，但是交流的深度变高。酒店的未来方向与此类似。

未来我们想把"睡"这件事做得更精致。比如通过研究床、音乐、熏香、枕头、灯光、空气的含氧量／湿度／温度、虚拟现实等各种工具，让你睡好。我们的想法还是把这种最本质的事情做好。

过去销售需要销售员登门拜访，现在不需要。当我开了一家新酒店，只要有足够多的数据，我就可以向酒店附近的人发送信息，告诉你我新开了一家全季，有空过来住住，如果你是老会员，我们还有优惠。我们还可以通过数据交换——比如和写字楼的数据交换，进行更加精准的投放，完全不需要人去销售，这样可以省掉非常多的人工成本。

　　这个时候人做什么呢？做机器和数据做不了的、更加体现人的特质的事，例如手艺。当我的酒店前台不需要人帮你办理登记，我可以安排一个帅小伙为你冲咖啡。客人入住后会记得，我们酒店的前台有个小伙子，长得特别帅，冲的咖啡特别好喝。这种体验将令人印象深刻。

人

一、从远方到故乡

我有幸得到一块南极运回的冰，蓝蓝的，估计有几十万年。配上威士忌或者白兰地，冰融化后酒杯里有许多气泡，那是在喝几十万年前的空气啊！那种感觉很是神奇！

迷失普罗旺斯

　　因为梵·高、高更、塞尚等印象派大师的画笔呈现，还有彼得·梅尔等作家的渲染，普罗旺斯成了许多人心中的一个梦想之地。

　　我也是怀着这样的梦想和希冀来到了这里。

　　雅高创始人杜布吕在中国的时候，就跟我相约在他普罗旺斯的家附近骑行。这一次去他家做客，杜布吕履约安排了一次自行车之旅。路线设计得很好，穿过普罗旺斯最精华的腹地，有平地也有山路，总共一百多公里。

　　一开始的风景确实迷人，葡萄园、起伏的山丘、富有历史感和人情味的小镇，不知不觉五十多公里就过去了。但由于山地居多，上坡的时候用力过猛，到了六十多公里处，膝盖便发疼，使得我实在不能骑行上坡了。好在不远处就是野餐点，我羞愧地乘上"收容车"到达野餐的河边。

　　午饭后，我心有不甘，因为只有我一个中国人落下了。尽管骑车耐力和体力比不过久经锻炼的法国人（自行车在法国跟乒乓球在中国一样，属于全民运动），毅力上总不能输给他们吧！我忍痛继续骑行，但不知不觉就离开了大部队。我身上带着地图，倒并不慌张，继续前行。

大约在八十公里处，我疼得实在没法骑车了，就找了下一个目的地等待"收容"。那是路旁一个小村庄，我便在村里休息等待。最后一辆车从村子旁边过去了，把我一个异乡人撇在了普罗旺斯一个美丽而陌生的小村庄。

我身上没有一分钱（不管是欧元还是人民币），没带手机，语言也不通。虽然体力还行，但膝盖已疼得不能继续骑行。只能勉强步行，艰难地走向目的地。

下午四点左右，普罗旺斯的阳光依然很烈，晒得我直冒汗。水壶的最后一滴水也给我"舔"光了，想在路边找个水龙头灌点水，愣是没找到！

而那些起伏的山路，加重了我膝盖的疼痛，走路也变得越来越难。

问路吧，法国人英文不是很好，而且我能够找到的问路的人，基本是路边地里的农民，一连问了几个人，才弄明白前面的路径。

像在美国一样搭便车吧，也困难重重。我的自行车一般汽车装不下，只能搭货车和面包车。货车是一辆没碰到，面包车也很少。好不容易挡下两部，一部车上是工地施工的工人，听不懂我的话；另一部车上除了几个小孩，只有一个开车的妈妈，依然沟通不了，只能抱歉地摆摆手。

"沦落"到这个地步，是事先没有想到的。我除了一身汗水湿透的衣服、那辆借来的自行车，一无所有。但至少，我可以思考，可以呼吸，"我思故我在"嘛。以下就是我一路上的胡思乱想。

1. 关于异化

我久居城市，在完全没有现代技术支持的野外环境里，竟然变得如此无助和脆弱。缺一点点水就感觉非常难受，没了一部手机和几张纸（钱币），就感觉极为不便，特别怀念。

现代科技的发达，使得人正在被各类设施"异化"，身体本身的机能正在一点点退化。长此以往，若干代以后，像我这样的人类会不会变成四肢弱小、躯干庞大的"怪物"？

所以，这样经常性的体力运动还是要坚持的。欧美等发达地区的人们普遍比中国人更重视体力运动，我决定还是要坚持运动起来。

2. 风景之美

普罗旺斯地区阳光充分，靠近海洋，暖湿气流使得降水丰沛，因此有许多不知名的小花和植物。加上人工种植的葡萄和薰衣草等植物，整个地区植被非常好。骑行的路上，两旁丘陵起伏，远处还有房屋，可以说是"赏心悦目"。六点多钟，太阳开始露出柔和的一面，斜阳照在富有历史感的古镇上，煞是美丽。

但随着疲惫、疼痛和干渴等不适反应的到来，这样的"审美"慢慢变得麻木。美丽的风景在身体折磨的衬映下，反而显得没趣；而那遥远的古镇，预示着前路的艰难。

我想，普罗旺斯那些为生计奔波的农民们，那些在烈日下摘葡萄的佣工们，每日面对如此为世人诵咏的风景，也和我此刻一样毫无感觉吧？

审美是相对的，是非常个人的事情。它对于基本生活而言，是进阶，是奢侈；对于生活品质而言，是提高，是进步。这样高阶的东西，是需要好的身心状态打底的。

3. 关于遁世

我没带护照，突发奇想，要是我改变路线，走入更深的普罗旺斯，步入遥远的深山，浪迹在没有边境管控的欧盟会怎样？我可以在葡萄园打工度日，可以靠流浪为生，像高更一样，和过去的生活一刀两断，开始一种完全不同的崭新的生活。

好像现在有了这个机会！

骑车的伙伴们也许会报失踪，会多方寻找，也许有人还会为此受到责备。而我就像鱼入大海，自由自在，毫无羁绊，在异国他乡有一个新的开始。可能，我会成为一个农民，或者一个知名作家。创业是比较难了，但成为路边小店平凡的售货员，抑或小有名气的酿酒师，似乎也不是不可能。

想着想着，就越来越离谱了。大概是身体过度疲乏，思绪开始混乱和疯狂。还好，此时我碰到了寻找我的车辆。看到他们，就像看到久违的亲人一样！少不了互道抱歉和讲述相互的故事，而我自己却还没有完全从一路上的胡思乱想中解脱出来，还有些迷失的感觉……

　　这就是我在普罗旺斯迷路的故事。

　　普罗旺斯的美和我的脆弱与贫乏，让我迷失了。

2010 年 8 月 20 日

诗歌与成长

我们读大学的时候，流行朦胧诗。

我们常常在交大毛主席像边上的草地上朗诵北岛、顾城、舒婷等人的诗歌，像著名的《致橡树》：

我如果爱你——

绝不像攀援的凌霄花，

借你的高枝炫耀自己；

我如果爱你——

绝不学痴情的鸟儿，

为绿荫重复单调的歌曲；

也不止像泉源，

常年送来清凉的慰藉；

也不止像险峰，

增加你的高度，衬托你的威仪。

甚至日光，

甚至春雨。

……

比如北岛的《回答》：

> 卑鄙是卑鄙者的通行证，
> 高尚是高尚者的墓志铭，
> 看吧，在那镀金的天空中，
> 飘满了死者弯曲的倒影。
> ……

上世纪 80 年代的诗歌，是我青春期的主题色，是一旦回想就无法回避的背景。

后来读宗白华散文集《美学散步》里的《我和诗》，那个青春懵懂的年代又一次浮现在我的眼前。这本散文集里好文章很多，尤其是 1950 年以前写的那些，后面的文章政治色彩较浓，独立性和个人的真情表达有所磨损。《我和诗》写于 1923 年，作者当时二十六岁，从德国留学回国一年左右，洋溢着青春的浪漫和美好。这篇文章其实不是写他和诗歌，而是他对青春期成长的回顾。

当一个人喜欢写诗、朗诵诗的时候，内心往往有强烈的情感需要表达。这种情感也许是离情，也许是别恨；也许是爱情，也许是悲怆；也许是有感于自然的博大和精美，也许是对生命的无奈……诗不是作出来的，不是写出来的，而是"迸发出来的"，是"流出来的"，那些极致的情感需要这种形式来表达和宣泄。

就像古典音乐的巅峰随着那个时代和那个时代的生活一起逝

去了一样，诗歌也退回了过往的时代。我们这个时代充斥着金钱和财富、名声和虚荣、名牌和霓裳、权贵和主义……却几乎没有诗歌，没有理想。或许在当下的时代，影像和高科技已经取代了文字，成为年轻人新的背景了。

但需要诗歌这种形式的人还是很多，像我对诗歌依然感到亲近。在我的身边，会写诗、读诗、朗诵诗的人，一直存在。

诗歌是最早的真实和烂漫，是未被磨灭的理想主义，是不肯迁就的唯美，是内心的独白和倾诉。

一个只有金钱功名而没有诗歌的时代，是种悲哀。

以此小文怀念久违了的诗歌年华。

2011 年 6 月 25 日

南极之旅

南极是我一直想去的远方。

《中国国家地理》的李栓科社长是最早进入南极的科考队员之一，在他的推荐和"怂恿"下，我约了几个朋友，一起参加了《中国国家地理》组织的首航南极之旅。

路途相当遥远。我们从北京出发，花了十一个小时飞往巴黎，在巴黎机场待了九个小时，等待转机，巴黎飞布宜诺斯艾利斯又花了十三个小时。我们在布宜诺斯艾利斯住了一宿，第二天再飞三个半小时到火地岛的乌斯怀亚。从乌斯怀亚的港口乘上法国籍邮轮 L'Austral，航行两天半，穿过德雷克海峡，才到达第一个登陆的地点。来回路程加起来，整整八天都待在飞机和海上，真正在南极半岛旅游也就五天时间。

我们是从阿根廷最南端的城市乌斯怀亚登船的。这是一个经济特区，据说制造业发达，有许多工厂，因为这里有税收优惠。我们登船前去乌斯怀亚郊外的一个餐厅吃了颇具阿根廷特色的烤羊肉。阿根廷农牧业发达，盛产牛羊。将柴火燃在中间，四边围一圈羊肉、牛肉、猪肉，烤上四五个小时，那肉是非常香酥可口的。

从乌斯怀亚出发，一路向南，穿过德雷克海峡，就到达了南极半岛。我们此次主要在最靠近大陆架的南极半岛附近来回，并没有进入真正的南极大陆，也没有进入南极圈。

在南极旅游，运气特别重要。航线取决于浮冰的情况，浮冰太多就必须绕行。可否登陆完全取决于天气，刮风下雨会增加登陆的难度，甚至没法登陆。

据说，我们这艘船运气是出奇地好。船长说他航行九年，第一次碰上这么好的天气。接下去的五天，我们接连登陆了九座岛屿，做了两次海上巡游。每天阳光明媚，风平浪静，让我们感觉不像在南极旅游，因为根本没有那种探险和艰苦的感觉。来之前，为了应对南极的严寒和可能的艰辛，我们做了很多心理上和物质上的准备，到了这里却完全都没有用上。

另一件幸运的事，是我有机会下到船底的机舱里，近距离观摩了解这艘邮轮的内部机制。

这是一艘非常先进的轮船。船上的所有动力、照明由汽油发电机提供。航行南极地区，使用的是最轻的汽油，排放非常小。淡水由海水净化而来。船上要求我们节约淡水，我们一开始还以为淡水是从港口运过来的呢。节约淡水，实际上是减少发电量，节约能耗。只要有足够的汽油，淡水可以说是用之不竭。客房就像宾馆的房间，二十四小时热水、空调、卫星电视，甚至还有卫星电话和互联网接入。由于微信和微博的普及，游客们使用网络较多，使得网络速度很慢，几乎无法使用。

船员以法籍居多，餐饮却没有法国的风味，几乎都是西餐。可点菜，可自助，但一两天吃下来就开始倒胃口了。张超英带来的新疆雪莲辣椒丝成了我记忆里最美味的食物。滴水之恩，当涌泉相报，我回来后便以十五年茅台相赠致谢。我让助理找到了这个品牌的辣椒丝，吃起来味道还是不错。前几天，我去乌鲁木齐，发现确实是新疆名优产品。现在，这款辣椒丝成了我佐煎饼的美味，让我时常回忆起这趟南极之行。

由于气温不是很低，第一天登岛，我们几个同行的兄弟就大胆地脱光了上身，在南极来了个"无上装秀"。远处的著名摄影师张超英老师给大家来了个抓拍，把我们拍得很帅。

我们登陆的岛屿大同小异，不同的是冰川的造型、岛屿的形状。南极半岛以冰川、企鹅、雪景为主要景点。一开始我们觉得新鲜、激动，两三天后就有些审美疲劳了。旅游的魅力在于新奇感和对未知的探索，在于寻找那种"在别处"和"在路上"的感觉。当我们厌倦了日常的无聊和烦闷，走出熟悉的生活和环境，来到不一样的地方，接触不一样的人和物，感觉到新鲜和惊奇，甚至还有一点点探险的感觉，这就是旅游的魅力。

毕竟，人类的所有感官享受都是"喜新厌旧"的，正如好东西吃多了就会腻，就会想粗茶淡饭；生活在都市里久了，就会怀念乡村的野趣。

船上有许多公司里的白领，大多还是单身，请长假来南极。现代人厌倦写字楼生活，渴望着来这么一次小小的远行，算是逃避，算是调剂。我想，他们回去后应该精神倍儿爽，憧憬着下一次远行吧。

南极的年降水量只有五毫米，但积雪一点点积累下来，几万年、几十万年持续产生的力量却是巨大的。南极气温低，雪的融化不是因为气温，而是压力。当雪越积越厚，底部受到的压力越来越大，雪粒被压融成水，又在低温的环境里瞬间冻结为冰。雪被就这样随着岁月的流逝，在自身的挤压下，转变成冰盖。冰盖顺地势向大陆边缘推进，部分冰体漂浮在洋面上，形成冰架；有些从冰盖中断裂开，掉入大洋，形成冰山。几十万年的雪积压下来是非常大的力量，密度很高，以至于不能完全反射光线，部分能反射出光线的就成了蓝冰；密度高得几乎不反射光线的，就是黑冰。

我有幸得到一块南极运回的冰，蓝蓝的，估计有几十万年。配上威士忌或者白兰地，冰融化后酒杯里有许多气泡，那是在喝几十万年前的空气啊！那种感觉很是神奇！

栓科讲的企鹅故事也很有意思。

人们都以为鸳鸯是最忠贞的鸟类，实际上并非如此，企鹅才是真正的忠贞不渝。当雄企鹅出去觅石，雌企鹅会待在家里筑巢。在人类世界，男性讨好女性用钻石、首饰，企鹅则是用筑房子的小石块。谁家石头多，谁家的地位就高，谁家就有钱。

如果配偶一方走失或发生意外，它们会遵守男不续弦、女不改嫁的族规，抑郁而亡。

也有专家挑战这个说法，但栓科讲的时候很是动情，所以我宁愿相信他说的。

地球变暖的说法，在栓科这儿也受到了挑战。栓科认为，人类跟自然相比太渺小了。人类的活动，根本不可能改变地球千万年的自然进程。所谓地球变暖，实际上是一部分美国人编造出来的耸人听闻的谎言。

地球大气层的热量主要来自太阳光能。太阳向地球放射的辐射穿透大气层进入地表，被地面上的物体，尤其是南北极巨大的冰雪镜面反射，变成长波辐射，才能被大气层吸收，太阳光线的热量才留在了地球。当地球的温度持续升高，就会促使南北极的积雪和冰盖融化，白色镜面的反射面积就会减小，留下来的太阳热能就会减少，气温就会随之下降。南北极实际上充当了地球"空调"的作用。

对于身处季风气候区的中国来说，地球变暖对我们是有利的。气温升高，夏季风西延，降水区域扩大；北方可耕种面积会大大增加，作物的生长期延长了，单位面积上的生物产能增加了。无形中，极大提高了中国的土地质量，尤其是全中国普遍的越冬成本降低了。粮食产量提高，动植物繁殖加快，可供养人口增加。因此，全球变暖不论是猜想还是事实，就中国的自然环境而言，利大于弊。趋利避害是人类的天性，瘦子不能盲目地跟着胖子喊减肥。

栓科是科学家出身，思维严谨，知识渊博。我觉得他讲得有理。人们太容易人云亦云，不假思索地接受流行的说法和观念。比如中世纪的地球轴心说，当代的地球变暖论。

我们每天上班活动的半径也就几十公里的范围，即使出差，活动的范围大致也在几千公里之内。所有的爱恨情仇、喜怒哀乐、功名利禄、富贵贫贱，也就在这个地理范围里发生。跟一望无际的大海、茫茫无边的南极相比，实在渺小。人短短几十年的生命，跟南极几百万年的积雪相比，同样微乎其微。

人类太自以为是，觉得自己如何了不起。面对一望无际的海洋和千百万年的冰山，我们应该谦逊。在几千万年的地球历史长河中，我们太微不足道。

望着大海，看着冰山，回味着栓科给我们讲的南极故事，再想想抛在脑后的尘世，那些功名利禄，那些聒噪喧嚣，忽然觉得没有了意思。

也许这是旅游的真正乐趣：换一个时空，换一种活法，换一套思想。我们是做了一回不同的自我，还是做回了真正的我？不得而知。

回到乌斯怀亚，晚上就着小酒，我们在一家门口有雕塑的小饭馆吃了美味的深海大螃蟹。微醺回到船上，我梦见自己变成了一只寻找小石块（企鹅的钻石）的企鹅，"俄然觉，则蘧蘧然季也"。不知是季琦在梦中变成了企鹅，还是季琦一直是企鹅梦中的形象？同样不得而知。

2013 年 1 月 30 日

远行

2014年秋天，我和几个同龄的朋友相约从成都出发，沿着川藏线去西藏拉萨。

川藏线还是有一些让人紧张。塌方、流石、悬崖、交通事故、高原反应、道路桥梁坍塌……让人感觉这是一场拿生命去博弈的赌博。

那一年是我的本命年，我碰到很多事情，有一种要逃出去放逐一下自己的冲动。这个时候沿着318国道去西藏，无疑是一个非常好的时机。

正是怀着这样的心情，我在书房整理行装的时候，一股冲动从心里涌出。我想写点什么，遂坐下，在电脑前，将心里的涌动敲到键盘，写了《远行》这首诗：

> 每一次远行，都是一场离别
> 也许，只是一次短暂的别离
> 也许，从此天涯，甚或阴阳两界，永不复返
> 我们不知道，这一次是生离还是死别
>
> 每一次远行，都是一场救赎

也许，远行是为了拯救

也许，出发是为了赎罪

但是，往往，既拯救不了别人也赎不了自己的罪孽

每一次远行，都是一场重生

也许，我们会脱胎换骨，洗心革面

更多的时候，除了鞋子上的泥巴，我们依然故我

但是，至少远行，给了我们更多生的理由

每一次远行，都是一场未知

也许，在前面拐弯处，会遭遇到梦里的凌霄

但是，多数时候，只是无聊的路人和单调的风景

对于远方，就像对于未来，对于我们自己

憧憬，但一无所知

当时的心情，诗歌表达得很充分了。

阅读文艺作品时，读者会有一个移情重置的过程，也就是将自己的经历、心情、想象的情景放在作者所描述的氛围里，重新创作属于自己的作品。我想别人读这首诗，跟我当时的感受肯定不一样。

这首诗从旅行到人生，从前途的迷茫到人性的察觉，从沉闷的黑暗到重生的力量，基本上把那个阶段我的内心表达出来了。

诗歌是特别私人的。我写过不少诗歌，都不太愿意发表或示人，因为早就过了寻求理解的年龄。

还记得我们大学的时候，朦胧诗很流行。我们在交大广场的草地上，朗诵着北岛、顾城、舒婷等人的诗歌，慷慨激昂、豪情万丈。那种青春的味道，我依稀还记得。那时候不经意的一些人文因子，在我们的人生里发酵，就像红酒，历经岁月，越发香醇。在知天命的年纪，许多矫饰都已褪去，朱砂痣般的爱恨情仇也已淡化成模糊的蚊子血，诗歌反而从深处探出头来。它自然、真实，甚至连最重要的形式都不看重，只是内心的讴歌、抒唱。

　　随着社交媒体的发达，诗歌似乎又成了当代的一种时尚和流行。这说明，这个时代确实需要诗歌，需要人文。大家在物欲过强的氛围里，在信息爆炸的冲击下，更需要滋养心灵的养料，而包括诗歌在内的人文产品，遂成了一部分社会精英的选择。

　　我们的全季正是在这样的背景下诞生、壮大，"全季人文"也是为了满足广大的季粉而推出的。如果说能够跟大家内心深处的那些诗意产生一些共鸣，能够推动这个社会向着美好、理想的方向发展，我是非常愿意献丑，跟大家分享自己的诗歌的。我的诗歌虽然不一定好，但是拳拳的心是真诚的。

　　就像人生下来并没有善恶一样，人生其实既不苦也不甜，关键在我们的内心。带着诗、唱着歌、跳着舞步的人生，一定是快乐美好的。所以，我们要写诗，要读诗，要朗诵诗。我们不是要成为诗人，而是要过诗一样的生活。

2016 年 11 月 2 日

了不起的勃艮第

应朋友之邀，去勃艮第拜访酒庄。去之前，朋友预约了罗曼尼·康帝（Romanee Conti）家族。然而去的当天，据说那哥哥心情不好，周六不愿出来接待了。哎，法国人哪，真是任性、会享受啊。但是，那人是罗曼尼·康帝，确实也可以任性。

好在朋友在勃艮第根深叶茂，我们一行驱车直接到了罗曼尼·康帝家隔壁的一家酒庄。

进了院子，看到一个不起眼的家伙，个儿不高，留个八字胡，穿件牛仔裤，拿着水管在清扫地面。他看上去像是这里的帮工，在这儿打杂的。他跟我们打招呼，要带我们去酒窖参观。我心里在嘀咕，虽然法国的人工是贵，但我们一群人来参观，居然让一个勤杂工带我们，也太将就了吧。

在地窖门口，我特地问朋友，老板呢？他说，这就是老板。好吧，看这老板的模样，酒庄也不会怎样。带着悉听尊便的心情，我下到了地下酒窖。

地下的空间很大，最初是教会僧侣开凿的，里面堆满了橡木桶。他给我们介绍橡木桶的讲究之处。比如，要事先选好一片树林，专门用这片林子里的橡树来做桶；他只用新橡木桶，两三年后更新一次；为了体现法国情怀，将法国国旗的三色箍在了橡木桶上；他儿子在美国看到一个漂亮的塞子，特地买回来塞橡木桶，用的时候才发现原来是中国造的；他有一面特殊的玻璃，装在橡木桶上，可以看到白葡萄酒逐渐沉淀的过程……他带我们看了落满灰尘的装着老酒的橡木桶，和装着一百年以内的年份酒的那些。他指了指那间装年份酒的仓库说，隔壁就是罗曼尼·康帝家的酒窖。我看到了一瓶 1966 年的酒，试着问能不能买下，这哥哥居然爽快地说会寄到我家里！

此刻，他在酒窖里侃侃而谈，仿若一位地道的葡萄酒酿造专家。他知道所有的细节，非常享受跟我们介绍和葡萄酒有关的种种有意思的事情。

最后，我们到了品酒室。虽然在地下，但是灯光布置得非常恰当，还有一架钢琴放在中间。他为我们详细介绍了勃艮第葡萄酒的四个等级：勃艮第、村庄、酒庄、地块。总而言之，越小的命名（比如到地块）越高级，越大的命名（比如勃艮第酒）越差。

我们一共品了他们家六款红酒，后面四款都非常好。他说他不喜欢酸的味道，所以会尽量将酸味去除。他还欣慰地告诉我们，他儿子也喜欢葡萄酒行业，已经参与进来，这个庄园后继有人了。

他还跟我们说明为什么他们最顶级的葡萄酒出产于一个相对短的狭长地带上，原因是那些地块在一个地质断裂带上，含钙高，水分足。他的品酒室还保留了部分原始的底层剖面。他认真地说，不是他的水平高，而是上天给了一块好地，才能出产这么美妙的葡萄酒。

因为先前的印象，我故意问了他一个问题："你的酒好，还是那些名气更响的酒好呢？"他似乎不太开心，反问："严培明[1]的画好呢，还是毕加索的画好呢？"

就像男人喜欢女人一样，没有最漂亮的，只有你自己最喜欢的女人。不管是艺术、爱情，还是红酒，每个人喜欢的都不一样。理所当然地，他认为他的酒一点也不输给其他酒庄。从2016年开始，他的酒里就不再有二氧化硫了（绝大多数葡萄酒都含有二氧化硫，主要用于制作过程中的消毒等），而它是导致你喝酒头疼的原因。

我觉得有点冒犯他，不太好意思，就提议品尝那瓶一直没动过的白葡萄酒。当我们喝到那瓶白葡萄酒的时候，一个个都惊呆了，太好喝了！这也是我这辈子喝过的最好的白葡萄酒！而这瓶酒售价只有几十欧！

老板让我们很嗨，大概他也被感染了，坐到钢琴前即兴弹奏起来。他弹得轻松愉快（估计是当地的音乐），但听得出来弹得不错。

我觉得这老板陪了我们大半天，临走我们总是要买点酒吧，以示感谢。我还大胆地说，买他两个橡木桶的酒，一箱白的，一箱红的。这哥哥居然说不卖！他说酒的产量太少了，不够分。我又一次被打击到了。

这家伙从最初的"勤杂工"，到"专家"，到"企业家"，再到眼前的"艺术家"，让我大开眼界。勃艮第这个地方真是藏龙

1　严培明，著名旅法画家，他的工作室和家就在第戎，在这里似乎是家喻户晓。

卧虎，看上去不起眼的房子，居然是罗曼尼·康帝；看上去不起眼的葡萄园，都是闻名世界的大庄葡萄田；看上去不起眼的人，居然是这么一个有趣、有才、有情怀的酒庄老板。

更有意思的是，自此为止，我都认为这是一个普通的酒庄、普通的品牌，回来做了一点功课，又是大吃一惊！这家酒庄非常有名！葛罗兄妹酒庄[1]，是可以跟罗曼尼·康帝相提并论的酒庄！真是狗眼看人低，这次勃艮第之行确实狠狠教育了我一下：不能以貌取人，不能以外表来看待事物。

我还是设法托朋友买了些他们家的酒，这个不是出于感谢他陪我们了，而是我真的想喝他们家美妙的酒啦！

从葛罗兄妹酒庄出来，晚上去参加了勃艮第酒商晚会。晚会上，我还被授予了勃艮第的红酒骑士勋章。看来，我跟勃艮第还真是结下了不解之缘，满满的都是收获，悄悄的都是惊喜。

2016 年 11 月 30 日

1　葛罗兄妹酒庄（Domaine Gros Frere et Soeur），位于法国勃艮第的夜丘（Cotes de Nuits）葡萄酒产区。该酒庄是当地沃恩–罗曼尼村（Vosne-Romanee）葛罗（Gros）家族四大酒庄中人气最高的酒庄。因为酒标上印着一只金色华丽的圣杯，葡萄酒爱好者们就给它取了个"大金杯"的外号。葛罗家族是当地著名的酿酒世家，酒庄的现任庄主是伯纳德（Bernard）。

选酒心得

好酒每个人都喜欢，但每个人对好酒的定义不同。生理上的事情其实非常个人化，你觉得这个葡萄酒好，就是好。著名的五大酒庄，除了拉图，没有一款我特别喜欢的。玛歌、拉菲，对我来说都很一般，所以贵对我来说没有用。这种个性最终将形成每个人对食物、酒、茶、烟等消费品的选择体系，你可以根据自己的财力对它们进行配置。

我招待客人的时候会精心挑选适合对方、场合、食物的酒。对法国人来说，他们未必看得上你给他喝所谓的"好酒"，那些知名的、昂贵的"土豪酒"。

如果请客人吃我们老家的海鲜，我可能会选勃艮第蒙哈榭地区产的白葡萄酒来配。白葡萄酒的差异非常大，有的很酸，有的带点甜味；有的很饱满，有的却不是。蒙哈榭地区的白葡萄酒带果味，不那么涩，深得我心，但一般不便宜。后来我找到一款类似口味但价格便宜的，是大金杯他们家的，非常好喝，一瓶只要几十欧。如果配肉，像红烧肉这些，我会选波尔多右岸伯米侯地区的红酒。它顺、柔、醇厚，不涩不酸，很多中国人喜欢这个地区的酒。口感醇厚的酒跟红烧的东西很搭。红烧的东西有甜味，需要很成熟的味道去配，这样它的味道才不会受酒的影响。意大利和西班牙的很多酒配红烧肉也很好。

通过这种方式，客人会知道，老季是真的用心。法国人会知道，老季这个人是真的懂法国，不是个不懂法国的土豪。有些土豪老板可能掏个二十万买瓶很贵的酒就完了，但我不是这样的，我很用心地去选。这样的用心可以收获友谊。

有一次，我和一个法国朋友说我有个梦想，想看到月亮从埃菲尔铁塔那个框子里升起来。他还真找到了这样一个地方。埃菲尔铁塔对岸有一个博物馆，博物馆的咖啡馆正好能看到月亮从框子里升起来，他就带我去那儿吃饭。那场景特别有意思，特别浪漫，特别适合带爱的人一同前往、欣赏。

2018 年 4 月 7 日

吃饭这件小事

1. "饮泉农场"的实验

我出生在江苏南通如东县饮泉乡吕湾村。前些年，为了让孩子吃到健康的食物，我将我出生地的生产队一大半的土地租下来做农场。

原先的土地滥用化肥、农药，我们将地荒芜了两年，任雨水冲刷，杂草生长。这块地里有三条小河，正好位于水系的最末端，雨水顺着河道流向大河，汇入长江，再到大海，所以，其他地块的污染不会通过河水渗入到我们的地块。虽说两年废置的时间还不够消解高残留的农药，但已有了很好的成效。

一开始，我养殖了鸡、鸭、牛、羊、猪等，这些家禽带来了足够的有机肥料。两年后，我开始在地里种玉米、小麦、水稻、果树、蔬菜，在河里放养了鱼、虾、蟹。

现在，我定期叫人送新鲜的蔬菜和肉类来上海，不但吃得放心，而且非常新鲜、美味。几个有小孩子的朋友家庭，我们也顺便一起送菜。从此大家过上了美好的集体农场生活。

虽然原来的乡名——饮泉已经不用了，但是我很喜欢"饮泉"这个名字，因此还是将这个小试验田命名为"饮泉农场"。

2. 大米的味道

小时候，我们那里的主要农作物是水稻。那时我们吃的大米是学名为"粳米"的那种肚子圆圆的米。后来上学，吃的是产量高的"籼米"，籼米很干，没有油分，不好吃。工作后，我有机会尝到著名的泰国大米，却不敢恭维，不很喜欢吃。因此，我时常怀念小时候的家乡大米。

那时，每年秋收的时候，大家都在地里忙收割，女人割水稻，男人挑谷子来晒场，小孩子在地里拾稻穗。晚上，大人们在打谷场挑灯打谷，我们小孩子则兴奋地在稻草堆里捉迷藏。

新打的稻谷经脱壳去糠后，煮出来的粥微微泛绿，煮出来的饭油光闪闪，好看又好吃。即使没有菜，光吃米饭，也可以吃得很香。

童年、少年的记忆在脑海里烙下了深深的印记。年纪越大，离家乡越远，那种美好的感觉却越清晰、强烈。

后来，吃到日本的大米，尤其是新潟鱼沼的大米，我找回了儿时的感觉。一开始在国内买，很贵；后来从日本带回来，又很麻烦。试着尝试黑龙江的五常米，但跟日本的米相比差太远。

起初我也没看上、没注意到饮泉农场的米。但有一次，我误将刚送到的农场米当成了日本米，煮出来发现很好吃！用它煮出来的粥泛着微微的绿色，跟小时候吃到的粥一样，入口还有一点点甜味。我特别高兴，将日常的用米改成了自己种的。这几年，我对吃的越来越挑剔，但对家乡的大米从来没失望过。

家乡人告诉我，饮泉农场彻底贯彻有机的理念，不用化肥，只用有机肥；不用农药，除草、杀虫都是人工。选择的是优质品种，不用转基因的品种。

水好、土质好、种子好，加上足够的昼夜温差、较长的生长周期，这样种出的水稻自然是好水稻。

3. 水很重要

煮粥、烧饭，水很重要。

小时候烧饭用的是河里的水。那时候，没有这么多污染，河水清澈见底，不时还有鱼虾在水里游过。

为了找到最合适的水来烧饭，我从超市买来各种矿泉水、纯净水、蒸馏水。各种水试验下来，我发现法国阿尔卑斯山出产的依云，饱含矿物质，跟大米配合最好。如果是新米，可以烧出绿色的米粥来。因为条件所限，我没能够尝试井水，估计井水也是可以的。井水是深层地下水，矿物质含量高。

其次就是锅。锅的话，以日本的虎牌电饭煲为最佳，因为它加温的过程有讲究。煮饭、烧粥时，米和水的比例也标注得很清楚。

米的保存和储藏也重要。小时候家里会有好几只木头或者水泥做的柜子，放在阴凉处储藏稻谷，第二年再拿出来研磨加工成大米，虽然陈米口感会差很多。现在有了冷藏柜，倒方便很多。将稻谷在冷藏柜里储藏，吃之前加工成大米，可以获得最佳口感。如果条件限制，不方便储存稻谷，将研磨好的大米冷藏，也能最大程度地保鲜。

4. 简单的"小确幸"

简单的食物，也可以很讲究。有机，其实便是回到当初的简单。刚开始的时候，讲究细节会有比较高的成本。但当整个社会都开始关注和执行的时候，有机生活就会变得更大众。

这些细小的"小确幸"正是促使我们热爱生活、创造美好的小点滴。只要我们用心去体会，用心去做，推动更多的人和机构一起行动，涓涓细流就能汇聚成汪洋大海，最终成就美好生活。

2017 年 2 月 8 日

我的日常生活好物

从大米开始，我计划做一个"季品"系列，作为我个人的日常好物推介，分享给我的朋友们。

除了在老家种稻，我还在那边做油。老家的油菜花长得特别好，做出来的菜籽油特别香，很适合炒菜。未来我可能会再选一款葡萄酒，茶和香也会选一款。通过"季品"，我想把那些我觉得好的，同时容易流转、保存，又不会太贵、太小众的东西推出去。这跟商业其实没有关系，更像是我自己的一个生活好物推荐品牌，表达我对生活的理解。除了吃的，我可能还会推出用的，例如王金川的紫砂壶，他做得很和润，价格也可以接受。

人有动物性、人性和神性。我在"人"的建功立业上面还可以，因此想把动物性也展示一下。把我喜欢的酒、茶，觉得很惬意的东西推广出来。在神性这个层面，像书、音乐、艺术，还有我的一些思考，一些比较灵性的东西，我也想要分享。

我用的一支笔是我自己改制的，笔芯来自凌美（Lamy），一个非常时髦的牌子。我把笔芯拆下来，做了一个手工的套子和竹子的帽子，改造了一下。外观完全看不出来是凌美，但是性能很好。我有很多这样的小东西。

很偶然地，我得到香道大师刘良佑的一串奇楠手链，特别好闻。我原来不知道它的珍贵，总随身带着那串珠子出门，随意放在兜里，出差也带着。后来才知道这个珠子很昂贵。《红楼梦》里，元妃后来回来省亲，给贾母就送过这样一串珠子，其他人都没有，只有老太太有。后来，当我听说刘良佑再没有其他珠子在市面上流传，就不敢再用了。我正在寻找沉香，选择我喜欢的味道，准备自己做珠子。

我现在喝茶，上午是绿茶，下午是红茶或普洱，茶叶都是有机的，也是我自己挑选的。茶具我会用日本的银壶、上下的竹编，都是我亲自挑选的。在挑选的过程中，我试图把日本、中国，古代、现代的审美结合起来。我有个用来喝茶的碗，是仿宋朝的设计。直接用古董的话，我喝不起，喝得起也舍不得用，那就仿一个。我做了一批，在日本制作，仿中国古代的设计。出差我会点香，打坐、读书都会点一支香。这些经历让我慢慢对审美有了感觉。

审美这种东西，当你还在求温饱的时候，是想不到的。只有肉体满足了，才会追求审美。我本人是，企业也是。当我开始要做高档酒店的时候，我去接触艺术，去看各种画展。我一开始起点也比较高，我身边有两个朋友：一个是蒋琼耳，上下的创始人；一个是设计师周光明。他们的审美，我认为在中国、在东方，甚至在全球都是处于一个很高的水平。他们带我进入了新的审美世界。我做禧玥的时候，很多东西都是光明来设计，很多配饰都是琼耳在做。他们化腐朽为神奇的能力非常强。一件简单的家具，给上下一做就是那么好用，那么漂亮。很多复古的椅子没有上下做得那么漂亮，多了很多装饰、矫情的东西。上下的产品都是简洁的线条，看上去很简单，坐起来很舒服。

我在审美的世界里不断进步，华住也是。从注重性价比的汉庭，到体现中产情怀的全季，再到特别关注审美的禧玥，整个企业的发展跟我本人有很密切的关系。

2018 年 4 月 2 日

故乡的味道

对很多人来说，小时候养成的口味，一辈子都很难改过来。一直到现在，我还是很少吃西餐，念兹在兹、经常在吃的还是老家如东的家常菜。很有趣的是，因为小时候基本处于半饥饿状态，唯一能尝到的味道就是米饭或者馒头的味道，所以那种味道至今依然能给我带来非常美好的感觉。当时整天是饿的，能吃到馒头和米饭就是特别开心的事。

农家在腊月的时候会蒸很多馒头，我很爱看大人做馒头和蒸馒头的过程，因为蒸的馒头特别多，偷吃一两个是不要紧的。中秋、春节的时候会起油锅，炸肉圆子、烧鱼，能闻到醋啊油啊酱油啊在锅里散发的味道。闻到这种味道，就知道要过节过年了。它们是奢侈的味道。

我们那时候没钱买肉吃，但会去抓鱼，抓一些河鲜吃。我的外公是一个远近有名的厨师，做菜很好吃。放假的时候，我会去外公外婆家，每天早上我的外公会提个小篮子去农贸市场买海鲜。买回来之后，我很早就在路边等着他。他有时候会给我带个糖，有时候没带，但篮子里总有一堆菜。看到这堆菜，我就知道有好吃的了。跟外公外婆在一起的时候，留下了很多美好的回忆。

我们厨师做的很多菜，小时候外公都做过。例如文蛤饼，可以算是如东名菜了。还有梅子鱼——因为小时候家里买不起黄鱼，所以用梅子鱼代替。外公会把梅子鱼的头掐下来，放在一起烧汤。鱼头是没肉的，但放在一起烧有鲜味，烧出来的汤很鲜。这是穷人的智慧，用简单的食材做出很美味的东西。那味道让我记到现在，也形成了我根深蒂固的饮食偏好。

2018 年 4 月 21 日

江南情结

　　生于江南，长于江南，我想我是有江南情结的。如果把江南小镇比喻成女孩子，她是现在流行的审美吗？大红唇，瓜子脸，双眼皮，再戴一副时髦的墨镜，全身配上爱马仕、LV……我认为不是的。她的气质应该婉约、温润。我想象她在蒙蒙细雨中打着一把油纸伞，从乡村的小道上袅袅走来，身着旗袍，旗袍上有小碎花……这是江南美女的气质，也是江南的气质。在这方面，我的审美是很古典的。

　　有件很有趣的事：我和上下的琼耳是好朋友，有一次我问她：你们怎么不做内衣？她说女生内衣的尺寸不好做，量也很难把握。我说中国古代有肚兜，它通过绑带调节大小，胸围大的松一点，胸围小的收紧点，又实用又美。她觉得很有道理。

　　我后来还给了她一个设计方案：放十二朵不同的花在肚兜上，从十二个月里选每个月的"花魁""节气之花"，再用苏州的刺绣将它们绣在肚兜上。这很有情趣。老公如果买这一系列肚兜给太太的话，每个月可以看见不同的花。我还建议推出两种：一种是短的、系在上半身的，是纯粹的、性感的内衣；一种长度到大腿，不是那么露，可以在家里穿。料子呢，用最好的丝绸。这款肚兜正在制作，近期可能会有个发布会。我们可能会邀请不同体型、国籍的女人来试穿，高的矮的，甚至可能找孕妇。我相信不同的女人能穿出不同的风情。

江南虽美，但偏阴柔。老家南通在这点上平衡得很好，它有一股野蛮的力量，却也不像北地那么粗糙。俞敏洪是典型的江南人，口才好，喜欢到处演讲，做导师，跟传统的江南才子很像。我喜欢的状态是在野蛮和文明之间做博弈和权衡，那很有味道——既不去张扬，也不是归隐山林，而是执中。

2018 年 5 月 10 日

二、从出离到进入

什么样的物品才能称得上奢侈品？我觉得应该是用钱很难买来的东西。什么东西用钱买不来？精神的东西、用心的东西、爱。这些才是世间一等之物。

奢侈品

说起奢侈品，似乎亚洲人格外难以抵御其诱惑。

一直以来，上流社会和富人群体通过符号性强的昂贵物品和品牌显示自己的身份，和普罗大众区分——不仅仅是器物本身的区分，也是心理、文化层面的区分。日本、韩国，以及中国的香港和台湾地区随着经济腾飞后，迅速成了欧美奢侈品的拥趸。这些年，中国经济日渐繁荣，随着富裕阶层和高级白领阶层的兴起，一大批奢侈品品牌，比如爱马仕、香奈儿、古琦、LV、劳斯莱斯、奔驰、法拉利等，也令国人趋之若鹜。

如今，香港大佬用爱马仕包来撩妹，广场大妈也会挎一只LV包包（真假不论）去买菜。我们在上海石门路的一家汉庭，经常有开着法拉利、保时捷跑车的小年轻来住店，这样的情形在杭州、上海、南京经常看到。

奢侈品狂潮在日本早就消停了，在东京、大阪的二手寄卖店里能看到许多奢侈品，那都是狂热过后的"去库存"。随着石油价格的下跌，中东的豪买也渐渐退烧。在未来，大部分曾经的奢华品牌都会沦为中产品牌——最后的贵族终将消失，新的中产将会取代。只有部分理解了奢侈的真正含义、有远见的公司会坚持下来，它们推出的产品也将成为新时代的奢侈品。

有一次，我看到很多俄罗斯富豪在法国南部炫富，但旁边的法国人往往不是用欣赏和羡慕的眼光来回应。这个场景让我不禁思考为什么发达国家的人们对奢侈品的心态更为淡定。

一切精良、美好的物品都是好的，然而物品只是拿来用的，可以带来快乐，却未必决定幸福。我想这才是关键。

那么什么才是我们这个时代的奢侈品呢？美国《华盛顿邮报》评选出的世界最新十大奢侈品如下：

1. 生命的觉醒和开悟
2. 一颗自由、喜悦、充满爱的心
3. 走遍天下的气魄
4. 回归自然
5. 安稳平和的睡眠
6. 享受属于自己的空间和时间
7. 彼此深爱的灵魂伴侣
8. 任何时候都真正懂你的人
9. 身体健康和内心富足
10. 感染并点燃他人的希望

没有一样是物质的，都是精神性的。

什么样的物品才能称得上奢侈品？我觉得应该是用钱很难买来的东西。什么东西用钱买不来？精神的东西、用心的东西、爱。这些才是世间一等之物。

佛教说，发心很重要，也就是做一件事情的出发点很重要。

如果一个手工艺师傅在制作一只皮箱的时候，想的是要把最好的作品、最传统的手艺融汇在这只皮箱里，心里是愉悦的、快乐的、开心的、带着爱的，那么这只皮箱不管是哪一个品牌，都是一件奢侈品。

我们的员工在打扫客房的时候，带着快乐的心情，想着这个月的工资可以给孩子支付学校的学费，多下来的钱给公婆买过年的礼物，然后非常用心、认真地整理房间、铺床、铺被子、放枕头，那么这间客房就是一件奢侈品，超越了品牌定位。

据说，古巴老派卷雪茄的工厂，会有人在大厂房里通过喇叭听古典小说，比如《巴黎圣母院》《基督山伯爵》这样的世界名著。这些工厂做出来的雪茄，似乎更让人神往。

从商品角度来讲，带来幸福的奢侈品必须同时具备以下几个特征：创造性的设计；带着爱心的制作或参与；用料品质高，对环境没有破坏。创造、爱心、环保，都不是可以用金钱买来的，但这些才是我们这个物质发达时代特别珍贵的东西。

全季酒店、妈妈做的菜、相爱的两个人的孩子，这些都是我珍爱的奢侈品。

2017 年 6 月 25 日

朋友圈

邓巴定律认为，人的大脑皮层大小有限，提供的认知能力只能使一个人维持与大约一百五十个人的稳定人际关系。这一数字是人们拥有的、与自己有私人关系的朋友数量的上限。

英国人类学家罗宾·邓巴（Robin Dunbar）从猿猴社群研究开始，发现狒狒通过相互抓虱子来增强感情，而人类几万年前发明的语言，增加了交往的能力，使得大脑皮层的处理能力提高。这个一百五十的上限，是根据人脑大脑皮层的复杂度计算出来的。

在一个有五位成员的群体中，成员间共有十组双边关系；在一个有二十位成员的团体中，双边关系的数量上升到一百九十组；五十个成员的团体则升至一千两百二十五组。这样的社交生活需要强大的大脑。大脑皮层越大，人们能应付的群体规模也就越大。因为生理限制，人类不具备应对一个无限大的群体的充分处理能力。

大多数人最多只能与一百五十人建立起实质关系，不可能比这个数字多出太多。从认知角度来讲，我们的大脑天生就不具备这样的功能。一旦一个群体的人数超过一百五十，成员之间的关系就开始淡化。

虽然现在文明程度越来越高，但人类的社交能力与石器时代没什么两样。邓巴写道："一百五十人似乎是我们能够建立社交关系的人数上限，在这种关系中，我们了解他们是谁，也了解他们与我们自己的关系。"

邓巴发现，一百五十人组成的团体随处可见。

纵观西方军事史，最小作战单位"连"通常约有一百五十人。Gore-Tex 材料生产企业的分支机构将员工人数控制在一百五十人之内，超过的话，就会将他们一分为二，再建一个新的办公室。有人对伦敦寄出圣诞卡的数量进行统计，以一个人寄出的全部卡片为例，收到贺卡的人数平均为一百五十三点五个。其中，约四分之一的卡片寄给了亲人，近三分之二给朋友，8% 给同事。

一般而言，我们最核心的朋友圈有五人，包括家人和闺密，他们是最亲密的朋友。然后是十五人，这是真正的朋友圈，在这个小圈子里你可以自由吐露心曲，寻求安慰，这些人去世的噩耗会给你带来重创。然后是五十人，五十人通常是大洋洲和非洲土著等狩猎采集型社会中，集体在外过夜的人数规模。能保持社交关系的上限是一百五十人，超过这个数字，往往因为太复杂而无法驾驭。这些数字大约以三的倍数增长。

邓巴还有一些有趣的发现，比如，普通友谊在缺乏面对面沟通时可以持续六到十二个月；女性可以拥有两个最好的朋友（包括她的爱侣），但男性只能有一个。

有人问邓巴，数字技术能否让人们在维系老朋友的同时，结交新朋友，从而扩大整个社交圈子？他斩钉截铁地回答："不！"后面还补充了一句："至少现在看来是这样。"

美国的社交网络最著名的是脸谱网，还有早些的 youtube 视频、推特，以及职场社交网站领英等。中国的社交网络有新浪博客、新浪微博、微信、QQ 等，其中微信是最流行的。大家见面的时候，尤其是年轻人，以交换微信为主，名片倒给得少了。我们公司内部也有若干微信群，平常大家用微信来交流、分享，相比之下邮件沟通比以往少很多。

于是，我观察到很多人已经被社交媒体绑架了。

比如朋友圈。微信本来是一个即时通讯工具，非常好用，国外的同类应用是 WhatsApp。可以传图像、声音、文字，而且算法很好，传输速度快。朋友圈功能就是社交网络的范畴了，可以及时知道朋友们的最新动向，我们也可以转发有意思的东西。

有人喜欢晒自己的小孩，有人喜欢晒吃到的美食，有人喜欢将自己旅行的风景一路拍下来分享……当朋友圈有十五个人的时候，你是喜欢看的，因为你关心身边这些亲密朋友，他们的琐事也可以让你快乐。当有五十、一百五十，甚至几百数千人，当朋友圈充斥了大同小异的生活琐事，你还会觉得愉悦吗？更何况其中还包含无聊的鸡汤、不真实的美颜、耸人听闻的标题党、烦人的广告、良莠不齐的自媒体文章……

还有那种要命的昵称，你很快就不知道谁是谁了。又或者是泛滥的微信群，你会因为为难而不好意思退群……

由于手机是随身带的，有微信等即时信息进来，我们就会收到通知，我们的时间就常常被打断，这就是"碎片化"的来源。

我们很难有思考的时间、发呆的时间、安静的时间。最麻烦的是逢年过节，微信问候逐步代替了短信，如同信息轰炸一样让人难以躲避。

正因如此，很多人被工具绑架了。活在手机里，消耗了时间，忽视了真实的世界和情感，也导致了更薄弱的知识结构。手机或社交媒体，正在让人迷失。

针对这个问题，我的应对方式是：

1. 设立私人微信号。我估计 iPad Pro 这样的两栖产品（台式应用和移动应用）会逐步取代原来的笔记本电脑，就将原先的微信号绑定在这个 Pad 上了，让它跟邮件、浏览器一起，成了平常办公的一个应用而已，没事不去看它。因为 Pad 足够大，也不太好随身带，这样也就不会打扰到我。有时候，我半天、一天不看微信，也没有什么大事。特别要紧的事情还是可以电话沟通或见面沟通，不会误事儿。特别严肃和正规的事情，还是用邮件，安全性和归档都好。私人微信目前只有三十一人，按照邓巴定律，未来我不会让它超过五十人。

2. 退群和拆群。有些群非常聒噪，就退出。我们有个大学同学群，某个晚上起来，有上百条信息。虽然设了免打扰功能，这么多信息怎么可能去看？即便有些有价值的信息，也混迹其中，芳踪难觅。我毅然退了群，但同学情谊并没改变——至少我心里是这样想。

我是个有洁癖的人，不管是办公桌还是办公室、书房，没有一样多余的东西，始终是干干净净的桌面。虽然微信群可以设置免打扰，我还是觉得被打扰了。所有微信看完和处理完我都删除，所以我的微信主屏很干净，要么是没有阅读的微信，要么是待处理事宜，不相干的一律被删除了。重要的文章和信息就收藏起来。

这个原则同样在邮件上应用，只是重要邮件我会归档。

我曾经也建了不少群，现在就有意识地拆群，除了工作交流群，私人交流的群只保留了一个："美好生活"群。里面都是一些比较近的好朋友，都是很有意思的人，平常分享一下有趣的事情，比如好吃、好玩的去处等。其中有许多艺术家，还不时带来一些美的分享。

3. 关闭朋友圈。我渐渐地关闭了大部分朋友圈，避免自己被不相关的信息打扰。我保留了一些亲近的朋友、分享质量高的朋友、工作专业相关的朋友等的朋友圈。我依然看朋友圈，但都是快速浏览，有意思的再点进去阅读详情。好的文章我会放在收藏里，以备将来查阅。对于重要的长文章，我会用180克的厚纸，用印刷级的喷墨机打印出来，虽然不至于洗手、焚香，也是比较认真、严肃地去阅读。

4. 订阅自己感兴趣的公众号。有许多公众号做得不错，比如"为你读诗""新世相"，内容人文味道很浓。当然，华住和全季的公众号也是必须关注的，因为自己经常会用到。

5. 重新订阅杂志，保持阅读书籍的习惯。我又重新订阅了自己喜欢的杂志，比如《中国国家地理》《三联生活周刊》《生活》等。杂志的内容基本是由一定水平的编辑主持，记者也是有一定功底的，也不是每天骚扰，一周或一月，内容有一定深度，还是值得去看的。

书籍更是如此，作为人类历史上经得起时代和众多智者检验的人类智慧的精华，值得我们花时间仔细研读。我基本不读最新潮的流行内容，也不读管理宝典之类的鸡汤，而是以宗教、哲学、诗歌、名著为主。

平常自己也写点东西，整理思想、记录见闻、论说观点等。

这样的坚持和安排，至少可以使得自己不太碎片化，远离流行、俗媚和庸俗。

在这个碎片化的时代，尤其要对值得我们花时间的事物倾注最大的关注——精选值得我们花时间的事情和人，将这些事情做到极致，对我们爱的人付出最真的情感，给予这些人和事最多的时间和资源。

交流工具的便利带来了信息的泛滥，容易使我们的生活碎片化，而这极有可能是平庸化的开端。而在这个裂变的时代，培育内心力量、坚守自我、爱惜最在意的人和物，是最珍贵的。

人必须安静下来，才能倾听到内心的声音。

2016 年 5 月 22 日

性、婚姻和爱情

　　朋友在微信里发来一篇文章:《冯仑谈女人的段子》,估计是有人根据他的各类发言、文章整理的。冯仑是前辈,也是老朋友,年轻时还追过他的文章。冯仑的文字一如既往地流畅、诙谐,看似打诨卖俏,实际嬉笑逗乐皆文章,但是文中的一些观点我却不认同。其实我也有很多想法,只是没有机会整理出来,正好借贤达的这篇文章开路,撰文阐述我的观点。

　　人类是这个星球上最高等的灵长类动物,天之骄子,得天独厚,可以讲是集兽性、人性、神性于一身,而我们要讨论的性、婚姻和爱情正好对应这三“性”。

1. 性

　　食、色是动物皆有的特质,属于兽性一类。人们喜欢美食,喜欢美酒,喜欢观赏美丽的花朵,聆听悦耳的声音,品鉴不同的香味。这些都是我们五官的生理享受,人们对此宽容、理解,甚至颂扬、讴歌。但是对于性,对于某些器官的生理愉悦,却不能给予平等的对待。

　　初中的时候,第一次住集体宿舍,有一个室友在关灯后跟我们说："小便特别舒服！我特别喜欢小便，那个劲儿真爽！"他那个嘚瑟劲儿，我现在想起来还历历在目。

当我们长大了，被各种各样的道德、规范约束了，知道了礼义廉耻，便不好意思再分享这样非常个人的体验了。小弟弟除了小便，还有一件更有意思的事情就是性。对此，人们更是羞于谈起，做起来也是偷偷摸摸。而且，社会给性赋予了太多的功能：婚姻、爱情、家庭、生育、道德……使得性比任何其他生理功能都沉重和扭曲。

性跟其他五官享受有任何本质的不一样吗？我认为没有。性是饮食男女的日常，是人类的最基本需求之一，不肮脏、不卑鄙、不可耻。不管是孔子的"饮食男女，人之大欲存焉"，还是告子的"食色，性也"，说的都是同一个意思。

人类的大部分愉悦是饮食和性带来的。

比如，我们都喜欢吃饭谈事儿。请人吃饭，除了有些热情好客的意思，也因为在吃饭这么一个愉快的环境下，谈事儿好谈。宾主双方心情好，自然事情容易成功。

也有人讲，世界上大部分竞争是为了女人，尤其是优秀女人的爱慕。吴三桂为红颜怒发冲冠，古希腊人为海伦发动战争。回忆我们大学时代，成绩好、看哲学书、朗诵诗歌、弹吉他、学跳舞、健美等等，不能不说也是荷尔蒙在起作用。

性大致有三种不同的功能。

一是传宗接代。这是大家都认同的观念，也是可以堂而皇之讲的事情。过去妻妾成群，生许多孩子，都是大家庭。计划生育控制了人口的增长，等醒悟过来开放二胎，发现许多现代人连一胎都搞不定。环境的污染、紧张快节奏的生活方式、转基因和农药高残留的食物等因素减弱了现代人的生育能力。性这个最基本、最原始的功能已经受到了威胁。

二是增进情感。不管是同性之间还是异性之间，通过性的交流和分享，可以大大地增强双方的感情。有人说，双方感情的深浅是用共同分享的秘密来衡量的。双方分享的秘密越多，两人的感情就越好，同性、异性都是如此。实际上，性交是一种信任的表达，代表一种彻底的信任，信任到可以进入对方身体最私密、最不易到达的部位。难怪张爱玲说："到男人心里去的路通过胃，到女人心里的路通过阴道。"不管是胃，还是阴道，都是我们身体的一部分，都是通向心的路，不能厚此薄彼。

第三种功能是愉悦。就像我们吃到好吃的河豚，喝到美味的葡萄酒，品到优雅的香，看到美丽的樱花，听到悦耳的歌声，我们会感受到愉悦一样。首先是生理上的，接着是心理上的，再下去就是身心一体的愉悦。性到了最高境界，在某一个瞬间的最高点，时间和空间都会消失，那一刻也就是仙界了。

对于性的态度，越年轻的人越开放、越真实，也就越能够回归本源。我们也许已经对在朋友圈里分享美食清单习以为常，但对于性，依然羞于谈论。

在性的问题上，男人更容易招致不好的口碑，因为喜欢招蜂引蝶，甚至买春。这其实是本能，是雄性动物基因的本能，想尽量多播种，想有尽量多的后代延续。而在现实的男权社会里，女性更容易因为性的问题得到过于严厉的歧视和打击。

宗教和道德都对性的第二、第三层功能加以排斥和打击，对于没有后代延续的同性性行为更是零容忍。我们回看过去的历史，越是繁荣的朝代，对性越宽容。不管是古罗马还是古希腊，不管是严苛的大明还是盛唐，都是持一种较为开放的态度。我不知道历史到底是在进步还是倒退。

医学上，现在已经能比较成熟地使用试管婴儿技术了。随着虚拟现实和机器人技术的不断进化，将来性也可能由机器和软件完成，而生育由育婴专业机构来完成。

一个系统刚刚开始的时候往往是两极，以后进化到多极，最后进化到自洽系统。自洽系统是最完美的数学系统。但从生物学角度去看，我不知道未来确切的变化是否一定会对人类更有益。当人类摆脱了动物性，自由度将会极大地增加，但这对当下而言已经是科幻的范畴了。

2. 婚姻

逻辑、理性思考、科学技术，这些都是典型的人性。

由于人脑发达，储存信息、处理信息的能力超越了一般动物，人类学会了思考、计算，建立起了理性的制度系统。这是人类区别于动物的地方。婚姻是人类设计出来的众多制度的一种，目的是保证社会的稳定、财产的传承，抑或基因的纯正。

婚姻是一种社会契约，是人类的一种制度设计，其功能在于保证私有财产，或共同抚养老人和子女，或构成社会稳定的单元。它是社会功能的一种，就跟几个人合伙开公司一样，是伙伴和契约关系。

由于男人在族群里的主导地位，人类历史上大部分时间是一夫多妻的，短暂的母系社会和残存局部的母系社会（比如摩梭族）除外。强壮的或者物质条件富足的男性会娶到较多的妻子，也有能力养育较多的后代。羸弱或贫乏的男性只能有一个，甚至没有配偶，相对而言，后代的延续也比较困难。这保证了优秀的基因能够存续下来，自然淘汰了不能很好适应环境的基因。一夫多妻制基本跟自然界的"优胜劣汰"是类似的。

基督教和现代资本主义的兴起，使新教伦理成为西方甚至普世的价值体系，在讲求平等、平权的大价值体系里，一夫一妻制也顺理成章地成为了主流。

在几千年的人类文明史上，一夫一妻制只有一百多年的历史。这个制度自执行以来，也受到越来越大的挑战。世界发达国家的离婚率都不低，美国、法国、俄罗斯都在50%左右，中国也接近40%。许多人，尤其是一些精英人士对这个制度提出了质疑。比如，它是否合理？是不是我们人类社会最理想的婚姻制度设计？可以持续多久？

如果说它是出于经济原因，为了共同养育老人和子女，那么在目前的生产力水平下，这个需求已经不再重要。许多人婚姻不幸福或者有婚外情，之所以不离婚，基本上是因为孩子，因为割舍不了的亲情。而社会道德也暗示着父母双方一起陪伴孩子成长才算正常家庭，离异和再婚家庭的孩子在信息闭塞的乡村常常受到歧视。

日本最近流行一种"卒婚"的做法。对于夫妻来说，一旦子女长大成人，便意味着将迎来自己的后半生，并有可能开始全新的生活。在这种情况下，他们通常会考虑是否需要继续维持婚姻生活，自己是否还有未完成的梦想，等等。由于结婚并不意味着必须同居生活，因此不少夫妻选择继续维持婚姻关系但分开各自生活，这种方式就被称为"卒婚"。

婚姻制度既然是人类设计的一种社会制度，就会不断演变和进化，直至最终适应生产力的发展水平。物质生活的发达、教育的普及、互联网的产生等诸多因素，都对婚姻制度带来巨大的冲击和改变。如果以公司来类比的话，公司这种商业机构的组织形式也在不断演变，从小作坊到大托拉斯，从大集团到自组织，现在又出现了越来越多的自由职业者。

与之类似的婚姻也是这样：单身男女越来越多（尤以精英女青年为多）、家庭规模从大家族到小家庭。未来会不会演变出更柔性、更灵活的家庭建制，比如一夫多妻、一妻多夫、短期（比如一年）契约式夫妻，甚至不再有婚姻这种组织形式？技术的发展有可能带来性的革命性变化，同样，婚姻制度也可能由于技术和社会的发展发生根本性的改变。

3. 爱情

爱情是属于神性的。

释迦牟尼说众生皆具佛性，量子力学说万物关联（从最小的粒子，到我们个体，再到整个宇宙，小中有大，大中有小，是相互关联的整体），这些说的都是我们神性的部分。有些宗教（比如基督教、藏传佛教等）将来生和转世说得活灵活现，虽然目前我还体认不到，但人和宇宙存在某种相通我是确信的，这也就是我说的"神性"。

不管你有没有宗教信仰，相不相信来生，人的确具备神性的一面，它是人超越理性的那个部分。尼采崇尚的"酒神精神"，就是人类的神性宣言。喝酒让我们神经麻醉，交感神经抑制，理性被弱化，深藏在我们身体里面的跟宇宙中信息和能量相通的那些部分，会自然迸发出来。这就是我们的神性部分。神性部分实际上是跟宇宙相通的那一部分。喝酒，是有点强迫式地释放人的理性。打坐，却是一个更加和缓地回归神性的方式。

佛教的戒、定、慧正好也是对应了人的三种特质。戒对应的是兽性，定对应的是人性，慧对应的是神性。

友谊更多说的是同性间的认同和愉悦，是同性间的爱；爱情大多数是异性间的情感；还有一种爱是人伦之爱，比如父母与子女之间。爱是属于神性一类的，超越理性，更超越肉体的"性"。

我认为"爱"是人类最美好的情感，虽然"爱"可能以"性"为基础，但由于综合了人性的光辉，因此升华到了神性的高度。男女之爱、同性之爱、人伦之爱，都是爱情（爱的感情）。

这种打穿三界的事物特别美好，这也是生而为"人"才有的好事。我们太应该为之雀跃、为之欢呼。爱是人能够拥有的最幸运的东西。不管是动物为了繁衍后代的性交，还是仙界（假如有的话）圆满喜悦的自足状态，都没法跟人类的这种"爱"相比。作为人类，有"爱"这件事情，太值得了。

4. 三者关系

性是爱情的基础，爱情是性的升华。好的婚姻一定是从好的性开始的，爱情更是婚姻持久的重要基础，幸福的婚姻有赖性和爱的支持。这三者代表了不同的境界，但相互依赖，相互支持，不能割裂，更不能混为一谈。

男人对于美人的喜欢，基本上是从"性"出发。姣好的面孔、诱人的身材、动听的声音……都有某种性遐想的成分。男人们会将自己心中的爱情幻想投射于这位具象的女人身上。爱情也在这样的时刻里慢慢地滋生了。

大多数的恋爱只是恋爱，只有少部分进一步转化为婚姻。有人说"婚姻是爱情的坟墓"，这是实情。一是两人的关系从神的空间转换到了人间，神变成了人；二是爱情被亲情代替，两人依然相爱，只是这是人间的爱，不是天上的了。我们看文艺作品，绝大多数荡气回肠的爱情都是没有结局的，比如罗密欧与朱丽叶、梁山伯与祝英台。

每一个现实中的女人，不管在你心里有多美，都是跟你我一样的人，她会跟隔壁家大妈一样喝水、吃饭、上厕所，睡觉的时候说不定还会打呼。

我很喜欢罗曼·罗兰的《约翰·克利斯朵夫》，小说里人物心里的情感特别美好。在小说里，约翰·克利斯朵夫做了首曲子，开了场音乐会，但除了最后排的一个人，没有人喝彩。他说我的音乐只要有一个人能够理解就够了。我年轻的时候和他想法一样，但活到现在，我感觉已经超越他了。即便没有人理解我，我也无所谓。我不求别人理解，不需要靠这个来支撑我努力和往前走。他的爱情也是美好的。最美好的爱情是没上过床，没有得到的那些。所有的爱情都是自我构筑的，不是实体构建的。一旦实体化，一上床，一做爱，心中的理想就遭到破坏，没法再构建了。书里有个女孩子叫葛拉齐亚，她和约翰·克利斯朵夫从来没上过床，因此约翰·克利斯朵夫可以随意地去构造他的情感。

肉体不是那么重要的。在《霍乱时期的爱情》里，阿里萨在失去费尔米娜后，通过不同的肉体享受性的快乐，最后又和年迈的费尔米娜在床上做爱。在和费尔米娜结合之前，他遭遇的每一个"阴道"，都是他所爱的那个人的投射，所有这些露水情缘其实都是他爱的女人的化身。最后是不是做爱已经没关系了。爱一个人是很幸福的。我觉得费尔米娜没有阿里萨幸福，因为她爱他没有像他爱她那么深，那么痴迷。

还是张爱玲懂男人：也许每一个男子都有过这样的两个女人，至少两个。娶了红玫瑰，久而久之，红的变成了墙上的一抹蚊子血，白的还是"床前明月光"；娶了白玫瑰，白的便是衣服上粘的一粒饭黏子，红的却是心口上一颗朱砂痣。男人的爱情，最后的结局大抵如此。

理想是美好的，现实是实际的。

我们理想的爱人，永远"在水一方"；而在身边陪伴我们的才真实确切。

让上帝的归上帝，让恺撒的归恺撒吧。我们让性归性，让婚姻的归婚姻，让爱情的归爱情吧。不要用杂音干扰了性，不要给婚姻太重的包袱，不要让俗媚玷污了爱情。

只有纯粹的，才能是美好的。不管是性，还是婚姻或者爱情。

2016 年 3 月 31 日

商业和友谊

我是很重感情的人，这十分影响我做商业的方式。我有两个原则：一个是做熟不做生，一个是和价值观一致的人合作。

做熟不做生的意思不是只和信任的熟人朋友做生意，而是要和共事的人建立友谊，通过工作、共同理想，彼此成为朋友。虽然和这样的朋友私交可能不多，但这种朋友其实比私交要可靠。为了共同的理想、共同的目标、共同的利益去做一件事情，由此建立起来的友谊是很坚固的。我和帮我做这本书的出版公司的朋友是有友谊的，不是我写书，他们出版，就完了。做这本书的过程中，我请编辑团队一起吃饭、喝酒、品茶、赏花，在这个过程中了解彼此，交换想法。我希望在合作关系里找到更多的人文和友情。我们的时间很有限，没有那么多时间去参加聚会，去酒吧，去交际，所以我希望和共事的人成为朋友。

为什么很多人喜欢边吃饭边谈事情？吃饭实际上是通过生理上的满足令人愉悦，而愉悦的心情有利于谈判。商业上如果大家双赢，也能带来愉悦，促进友谊的产生。

我原来以为外国人都是很商业的，后来发现不是这样，尤其跟法国人打交道以后。美国人、法国人，还有其他西方人，他们跟你做生意，不会仅仅因为生意大跟你做，而会因为友谊和信任跟你做。因为友谊，他了解你，喜欢你，所以愿意跟你做生意。

交朋友的基础，是价值观的一致。有的企业，利益再吸引人，你也不能一起合作，因为价值观不太一样。我们做企业，目的是做大，创造更多价值，让这个世界更美好，但有的企业目的可能没有这么纯粹。

如何了解合作伙伴的价值观呢？可以一起喝酒，一起吹牛，一起爬山。我会把我喜欢的活动分享给他们。我最喜欢爬山，雅高的杜布吕到我家来，我带他去爬山。他有恐高症，居然也爬上去了，因为他想要拥抱我喜欢的东西。他也会分享自己喜欢的东西，比如说他喜欢某一位摄影师，就邀请我去看他的展览，然后送他的作品给我。我可能没看出来有多好，但我会试图去了解它，慢慢理解、喜欢，从陌生到熟悉。两个人通过这些分享，实际上有了更多了解。

当然，了解之后，我就不再带他去爬很高的山，我会去照顾他的恐高症。为了回报他的礼物，我也送了一幅我喜欢的作品给他，告诉他我喜欢什么东西。这种相互的赠送就是友谊。我们并不会因为这两件小礼物影响任何商业的东西，但通过这些交流，大家了解原来对方是这样子的。差距当然是很清晰、很实在的，但可以求同存异。

慢慢地，生活里沉淀了许多有意思的老朋友，有些朋友的价值观对我影响很深。原本，大学读完了之后，我一直有种优越感，觉得自己参透了人世间所有最复杂的事情。那时候，从罗素的西方哲学史，到康德、尼采、叔本华的哲学，到弗洛伊德的心理学，我都看过。那时候，我觉得没有什么东西是我不能理解的，而且我是学理工科，感觉自己打通了文理。我们那一代的大学生是这样的，有一种世界在我脚下的骄傲感。这种精英主义对我的成功是有帮助的，那股骄傲，那种野蛮的力量，傲视群雄的气魄和自信，推动着自己创造商业的成功。

怀抱着这样的想法，我原来是看不起小学毕业、初中毕业这样的低学历人群的，甚至如果你说你不是交大毕业的，只是一个排名差一点的学校毕业的，我都觉得不行。我觉得自己是尼采嘛，精英哲学。

但是有两个人改变了我，一个是海底捞的张勇，一个是掌上明珠的王建斌。张勇只是初中毕业，但他对生意和人的理解，堪称入骨。他从小在街头混大，对人性的理解特别深刻。王建斌也是我的好朋友，我们聊得非常深，他的灵性远远在我之上，天生有菩萨心。小时候，他爸爸妈妈没法照顾家庭，他一个人带一个弟弟一个妹妹，村里人欺负他，有个邻居还把大粪泼在他床上。冬天很冷，他们没有多余的被子，只能兄弟姐妹抱在一块儿取暖，拿衣服盖着。若干年后，那个泼粪的邻居得了癌症，建斌想都没有想，给他捐了几万块钱。这件事给我的震动很大。他们都是四川企业家，学历都很低，但都很成功。他们让我认识到，智慧跟知识未必有很大的关系。来自街头的智慧、对人性的理解、对人的慈悲更重要。

对所有的商业，所有的合作来说，人与人的交往最重要。所谓江湖，就是这个社会。大社会是社会，小社会是江湖。人类社会所有的根本点在于价值观的一致性。我现在寻找合作伙伴，会找那些价值观一致的。如果不是，我可以不做这个生意。今天，我们也有资格去挑选我们的合作伙伴，包括供应商。你要行贿、拉拢、腐蚀——这样的事情在中国很多，我们不会选择。我们的客人如果不尊重我的员工，比如说骂员工，我们会把这样的客人列入黑名单，不再接待。这样的事我们对外不大宣传，但实际上是这么做的。

过去说客人是上帝，我不认为他们是上帝，客人应该是亲朋好友。亲朋好友的话，大家应该是平等的关系。上帝是什么？你是爷，你比爷还牛，你打我骂我，我都不能还手，我得忍着，说"对不起，我错了"。我觉得这是不对的。这种价值观，是一个企业必须建立的。

2018 年 4 月 1 日

出离和进入

当超越人性，从灵性这个角度去看人类，人类的所有行为都是可笑的，包括爱情、宗教。追逐的意义是什么呢？不同教派争来争去，这个建了庙那个建了教堂，又是为了什么呢？当你从很高的角度俯瞰人世，会发现我们的语言、文字、行为、信仰，一切都那么渺小，那么没有差别。一切纷争、名利、自恋和自以为是，都犹如过眼烟云。

我很喜欢宋朝，觉得那个时代的审美真是不得了，但那么高的一个"形而上"的文明，被一个那么低的"形而下"的文明、被马和刀给打败了，下场是何等地凄凉。我原来觉得很惋惜，但当我往上走，拉到宇宙的角度看这个问题，心态就不一样了，觉得这没什么。道法自然，自然就是这样。

我看过一部短片，是陈漫分享给我的。一个小孩在草地上踢球，旁边他的父母照看着他，在纽约中央公园还是什么地方。然后镜头开始向上拉，从中央公园到纽约，到美国，再到地球，最后拉到宇宙中间，从这个角度看，哪里看得出什么差别？小孩和两个大人有什么差别？纽约跟中央公园有什么差别？后面镜头从宇宙又回到小孩身上，小孩是很可爱的，阳光是很灿烂的，中央公园里面有鸟儿飞过，还有两只松鼠在树上爬，小孩摔倒了，爸爸妈妈特别紧张地把他抱起来……一切依然可爱。拉远了再回来看世界，这种做法挺好的。

禅宗就是这种境界，脱离出去然后再回来，就是所谓的出离心。一个人不容易出离，出离完了也不容易回来。

曾经有一段时间，我特别害怕去杭州的一个寺庙，那个寺庙是李叔同出家的地方。那段时间我的状态不好，觉得人生没什么意义，很担心自己会出家。后来过了这个阶段，我开始入世，开始重新做企业，结婚生子。很多年之后，我重新看李叔同，看佛教，我就明白了。人类的宗教是给人提供庇护的地方。所有的出离都是一场逃避。

现在我觉得，最好的状态是：把人间当作天堂，也当作地狱，更视为道场。我来一趟，无非就是在人间修行一场。我的修行是把身心灵都做好，做到极致。身，我喜欢美酒、美食，那就尽情享用。人伦，我有可爱的孩子、贤淑的媳妇；我把企业做好，承担社会责任。灵性，我可以偶尔有那么一瞬间，用菩萨的眼光看这个人世间。

这样的状态我觉得是最好的。

2018 年 4 月 7 日

信息和能量

很多人不信中医。我认为原因是真正的好中医太少。中医是门艺术，是跟西医不一样的一门精妙艺术。中医的困境是庸医太多，骗子太多，让它的名声不好。

中医，以及藏医、印度医、西医都是某个特定区域的人，对自然的信息的概括和总结。这些概括和总结都有一定道理，没有谁是绝对的真理，也没有谁是绝对的谬误，一棍子打死的态度不可取。日本人把汉方药经营得很好，也说明了应该采纳什么样的科学态度和科学方法去取舍。

我觉得西医和中医的关系，跟西洋画重写实和中国画重写意的关系是非常像的。做中医，糊弄人是完全可以的。但要做得好，实际上非常不容易。它是一门艺术，是对过去传统的传承，包括工具的使用，为每个病人提供不同的方案。

这个世界是由信息和能量组成的，构成每个人的信息不一样，能量分布也不一样。人们彼此之间的交流是信息的传递，我所说的话对你的生活是有影响的，这个影响只要够大，就有可能足以改变你的生活。中医的一些治疗方法，我认为能够造成这种影响。

比如针灸，针灸是干什么呢？改变你我的信息，那种认为哪里不舒服了就往哪里扎一下的想法是有误解的。

　　我有一段时间很焦虑，总是做一些神经紧张的梦，例如考试快迟到了，可是找不到自行车，眼前有好多自行车，可是不知道哪辆是我的，非常着急，只能一辆辆去找。这种焦虑我是靠针灸慢慢缓解的。以前压力大的时候，这样的梦一个月会做三四次，现在基本不做了。以前打坐的时候，常感觉自己思绪混乱，想法很多，脑子像失眠后的状态一样，非常乱，也是针灸让我的心安静下来。科学的确在目前还无法解释清楚中医的诸多神秘信息和能量，但科学研究迟早会解开更多秘密。

　　作为理科生，我以前是不太容易理解这些的，这两年才开始理解。科学的观点是什么样的呢？一样东西如果无法被测量，那它就是不存在的。实际上我们的知识和经验是不足够的，不足够理解这些非理性的东西。我的做法是把那个窗户打开，用一种开放的心态去接受、去了解。你不一定相信它，但是你可以打开你的心灵。

　　我不是神秘主义的信徒，但我的态度是开放的。至少，完全没有神秘感的世界是无趣的。

2018 年 4 月 22 日

形而上和形而下

很多人问我，季琦，你是天生就选择了做酒店吗？我并不确定自己天生要做什么，并没有那么强烈的感觉。在出生的那一刻，宇宙里忽然有了这么一个生命，由信息、能量聚合而成的生命。按佛教的说法，是因缘和合而成。而这小小的生命决定了你一生的东西。婴儿是一个熵极低的状态，精子和卵子结合的那一刻，熵更低，是那一刻的无穷小决定了以后的无穷大。

我从大学开始思考形而上的问题，而后来的所有，都是我形而下的表达。

我记得那一天，我在交大外的华山路，在"饮水思源"的纪念碑前看着梧桐树，思考生命究竟有什么意义。就在那一刻，当我在寻找某种形而上的时候，我得到了某种形而下的领悟——生命只是一个过程，本体没有意义，意义只由客体定义，对本体来说，生命就是经历和体验。我后来的人生，就是我的形而下的体现——我的商业、我的爱情、我的家庭、我所有的事情都是我形而上的形而下的体现。

形而上跟个体的选择有关系。当宇宙在某一个初始瞬间决定了某个本体的形而上的时候，那个本体是有选择的可能性和权利的，那一刻充满了无穷多的可能性。而在本体做出选择之后，就形成了其形而下的表达，而且是唯一的表达。

信息和能量来自宇宙，我不知道是什么力量，但我非常肯定，我们每个本体是有选择权的。如果没有选择权的话，生命就没有意义了。如果你的命是天定的话，你的人生就没有任何意义，只是一场闹剧。实际上，你可以通过你的阅读、你的思考、你的体验、你的交流、你喝的酒和茶、你的朋友、你的学识、你的工资、你的老板、你的同事……来决定你的人生。

在无限多的模型里，你做出了独一无二的选择，这种选择具有确定性，而这既快乐也悲哀。快乐，是因为它让你成为了你；悲哀，是因为你从此错失了其他无穷的可能性。

2018 年 4 月 26 日

我们的大时代

常有人说，焦虑是这个时代的流行情绪或流行病，现在的年轻人相比以前要更加焦虑。我倒觉得，每个时代的人实际上都焦虑，因为每个人都身处"自己的大时代"。

所以，你别自恋，别觉得"我们不一样，我们很特别"，不是这样的。我们这代人年轻时也觉得自己很特别，我大学刚毕业的时候非常自我，认为世界在我脚下。那时爱读尼采，觉得自己是太阳，旁人都是星星。年轻时人会有那种自傲的想法，这是人性。

现在是一个好时代还是一个坏时代？我觉得所谓的好坏，其实取决于我们的内心。内心觉得这是个好时代，就会发现一切都很好；内心觉得这时代太坏了，那看到的都是荒凉的景象。内心的想法是很重要的，即便这非常地唯心，但却是真的。

大时代意味着会有更多的动荡和未知。现在很多年轻人确实被许多欲望弄得很焦虑，这个年代的诱惑和张力也的确更大，但是我觉得他们最终会找到自己的节奏和脉络，找到自己的安放之处。有些人可能很安静地在一个小镇上过平凡的日子，有些人可能更想要投入到前沿的奋斗里去。但不管如何，他们都将实现他们人生的精彩。我们终将老去，无法把财富、声名和机会带到棺材里去，而我们这一代人曾经的辉煌都将让位给他们。所以这将是"他们的时代"。

在这本书的最后，我想对读者，尤其是年轻的读者说的是，一定不要躁，要心安。心安才能够专注，才能处身立命，否则容易随波逐流。我过去就是太急躁了，如果我能够很早地把我的心安定好，不要因为我的童年不好，就变得很焦虑，我现在能够做得更好、更成功。心安了，你做事的节奏会不一样，你对人、对你的伙伴也会不一样。我原来脾气暴躁，公司里所有的人都被我骂哭过，后来觉得没必要那样，觉得可以多放点情感在里面，多点包容。

心安的力量是很强大的，最终将指引你去到想去的地方。

2018 年 4 月 29 日

图书在版编目（CIP）数据

创始人手记 / 季琦著. 一长沙：湖南人民出版社，
2018.8　ISBN 978-7-5561-1974-5
Ⅰ. ①创…　Ⅱ. ①季…　Ⅲ. ①随笔 – 作品集 – 中国 –
当代 Ⅳ. ①I267.1

中国版本图书馆CIP数据核字(2018)第095559号

创始人手记
CHUANGSHIREN SHOUJI

季琦 著

出 品 人　陈垦
出 品 方　中南出版传媒集团股份有限公司
　　　　　上海浦睿文化传播有限公司
　　　　　上海市巨鹿路417号705室（200020）
责任编辑　曾诗玉
装帧设计　韩湛宁
责任印制　王磊
出版发行　湖南人民出版社
　　　　　长沙市营盘东路3号（410005）
网　　址　www.hnppp.com
印　　刷　深圳市福圣印刷有限公司
经　　销　湖南省新华书店
开　　本　880 mm × 1230 mm 1/32
印　　张　9
字　　数　200千字
版　　次　2018年8月第1版
印　　次　2024年11月第19次印刷
书　　号　ISBN 978-7-5561-1974-5
定　　价　48.00元

（如有印装质量问题，请与本社出版科联系。联系电话：021-60455819）

浦睿文化
INSIGHT MEDIA

出 品 人 陈 垦
策 划 人 陈 垦
监　制 余 西 蔡 蕾
出版统筹 戴 涛
编　辑 郭大泽
封面摄影 陈 漫
装帧设计 韩湛宁
美术编辑 王 媚

投稿邮箱　insightbook@126.com
新浪微博　@浦睿文化